Ueber die Zulässigkeit der Beschlagnahme von Arbeits= und Dienst=Löhnen.

Von

R. Koch

Königl. Stadtgerichts-Rath in Berlin, z. Z. Schriftführer der Bundes-Civilprozeß-Commission.

Verbesserter und durch einen Nachtrag vermehrter Abdruck aus der Zeitschrift für Gesetzgebung und Rechtspflege, Jahrgang II.

Berlin.

Verlag von J. Guttentag.

1869.

Noch ehe die Norddeutsche Civilprozeß-Ordnung vollendet ist, wird das Exekutionsrecht durch die Bundes-Gesetzgebung gewissermaßen unterminirt. Kaum ist ein wichtiges Exekutionsmittel, der Personal-Arrest, von Bundes wegen bis auf einige, allerdings ansehnliche Reste begraben worden, und schon droht das gleiche Schicksal einem anderen, welches bisher im Verkehr und in der Praxis der Gerichte eine nicht minder bedeutende Rolle gespielt hat. An einem der „schönen Frühlingstage", welche (um mit einem bekannten Abgeordneten zu reden) während der heißen und langen Reichstagssession von 1868 „dem Wohle des Vaterlandes geopfert" worden sind, in der Sitzung vom 28. Mai 1868, hat der Reichstag des Norddeutschen Bundes neben dem Gesetze, betreffend die Aufhebung der Schuldhaft, und dem Genossenschaftsgesetze auch eine vom Abgeordneten Schulze (-Delitzsch) beantragte Resolution dahin angenommen:

„Den Bundesrath aufzufordern, dem Reichstage in nächster Session einen Gesetz-Entwurf vorzulegen, worin das unbedingte Verbot jeder Beschlagnahme noch nicht verdienter Arbeits- und Dienst-Löhne im Exekutions- und Arrestwege ausgesprochen wird."

Ein großes Wort ist damit ausgesprochen.

Hört man die wenigen Redner, welche sich in der kurzen vorangegangenen Debatte geäußert, blickt man auf die Schnelligkeit, mit der ohne hinreichende geschäftsordnungsmäßige Vorbereitung jenes Resultat erzielt worden ist, so möchte es kaum glaublich erscheinen, daß man über das gleiche Thema bei uns in Preußen seit länger als 13 Jahren so viel debattirt und geschrieben, daß die Staats-Regierung nach wiederholter Enquête fort und fort gesetzgeberisches Einschreiten in der gedachten Richtung abgelehnt hat, und daß auch im übrigen Deutschland Gesetze, Praxis und Wissenschaft in der Beantwortung der vorliegenden Frage weit auseinander gehen. Ist die Beschlagnahme künftiger Löhne ein „juristischer Nonsens" (Abgeordneter Friedenthal), so begreift man in der That nicht, wie die Praxis so vieler, ja der meisten preußischen Gerichte an derselben festhalten kann, wie noch dem diesjährigen Juristentage von seiner ständigen Deputation die Frage hat unterbreitet werden können, ob die Gesetzgebung Arrest auf künftig zu verdienendes Lohn, und eventuell in welchem Umfange, gestatten solle. Verfasser dieses hat sich hierüber im Auftrage der gedachten ständigen Deputation gleichfalls gutachtlich geäußert und ist dahin gelangt,

nicht einem unbedingten Verbot der Beschlagnahme künftiger Löhne, sondern einer Beschränkung derselben auf eine bestimmte Quote, etwa ein Viertel, das Wort zu reden,

also dem, was man im Reichstage geistreich einen „Mißbrauch unter Bedingungen" genannt hat.

Bei der hervorgetretenen Koalition entgegengesetzter politischer Parteien im Sinne der gefaßten Resolution ist es kaum zweifelhaft, wohin die rasche Strömung auf dem vorliegenden Gebiete drängt. Vielleicht bringt uns schon die nächste Reichstagssession ein Spezialgesetz, welches kurzer Hand abermals ein Stück des bestehenden Exekutionsrechts wegschneidet und zunächst der Civilprozeßkommission überläßt, den Rest befriedigend zu gestalten. Dennoch scheint uns das Schicksal des Lohn-Arrestes gegenwärtig noch nicht derartig besiegelt, daß die Hände unthätig in den Schooß zu legen wären. Ueber's Jahr wird der Schwung jener großen Maßregel, der Aufhebung der Personalschuldhaft, an welche sich die mehrfach erwähnte Resolution gewissermaßen als Supplement gehängt hat, etwas erlahmt sein. Aehnlich, wie ein gutes und gerade das gesundeste Stück der Personalhaft gerettet worden, gelingt es vielleicht, durch eine angemessene Begrenzung das vorliegende Exekutions-, Sicherungs- und Kredit-Mittel insoweit zu erhalten, als dessen Beseitigung nicht durch juristische oder sonstige gesetzgebungspolitische Gründe geboten ist. Inzwischen wird daher immer die Jurisprudenz fortfahren können, ein besonnenes Urtheil vorzubereiten und zu stärken. Mit vorübergehenden politischen Combinationen zu rechnen und zu kämpfen, wäre hier freilich ebenso wenig der Ort, als es leicht sein würde, in einem bloßen Interessenstreite Recht zu behalten. Aber noch bedarf die rein sachliche Seite der Frage, über welche mancherlei irrige Vorstellungen verbreitet sind, der Aufklärung. Wäre die jetzige Bewegung eine künstlich gemachte, so könnte der Jurist sich mit Skepticismus und negativer Kritik beruhigen. Wer indessen aufmerksam die Geschichte der letzten Jahrzehnte betrachtet, dem wird es nicht entgehen, daß das Recht sich auf dem vorliegenden Punkte im Flusse befindet. Wollen wir die Spur des neuen Rechtssatzes, welcher nach harten Kämpfen sich hervorzubilden begriffen ist, nicht verlieren, so bedarf es einer sorgfältigen Sichtung der zerstreuten Elemente, nicht nur der bestehenden

Vorschriften und ihrer Anwendung, sondern auch aller der Anläufe und Bestrebungen zur Verbesserung des geltenden Rechts, welche in der letzten Periode der Rechtsentwickelung ans Licht getreten sind. Aus solcher Untersuchung wird sich am sichersten ein Urtheil darüber bilden und begründen lassen, welchen Schritt die Gesetzgebung zu thun habe, um dem Bedürfniß des Rechtslebens auf dem vorliegenden Gebiete zu genügen. In diesem Sinne geben wir die nachfolgenden, zum Theil dem bereits erwähnten Gutachten entnommenen Bemerkungen.

Der allgemeinste Begriff für das, was der Beschlagnahme, sei es im Wege der Exekution oder im Wege des Arrestprozesses, unterliegt, ist ein Vermögensobjekt des Schuldners. Etwas, was dem Schuldner nicht gehört, was in dessen Rechtskreise noch nicht vorhanden ist, kann selbstverständlich nicht zur Befriedigung oder Sicherung des Gläubigers dienen. Die Exekution und der Arrest können nicht die unbestimmte Möglichkeit ergreifen, Etwas zu erwerben. Hieran zeigt sich, daß der Begriff noch nicht verdienter (künftiger) Lohn der Beschränkung bedarf. Es kann nicht davon die Rede sein, einen Lohn in Beschlag zu nehmen, für dessen Erwerbung kein weiterer Anhalt zu finden ist, als etwa die Existenz einer Arbeitskraft oder ein gewisser Stand des Schuldners. Der Lohn muß vielmehr in irgend einer Weise bereits in die Existenz getreten sein, damit er Gegenstand einer Beschlagnahme werden kann. Er kann dies nur, wenn er den Charakter einer Forderung, d. h. eines Anspruchs auf Leistung von Vermögensobjekten, welcher selbst schon Vermögensobjekt ist, annimmt. Die unstreitige Beschlagfähigkeit der Forderungen, namentlich auch solcher, welche, wie Staatsdiener-Gehalte und Rentenbezüge, nicht sofort realisirbar sind, ist die juristische Grundlage des Lohnarrestes. —

Indessen ist man bekanntlich bei uns seit lange darüber uneinig, ob der Lohnarrest mit dem Begriffe jener Exekutionsmittel verträglich sei. In Ermangelung deutlicher Gesetzesvorschriften findet sich eine Skala abweichender Ansichten von der totalen Unzulässigkeit bis zur unbeschränkten Zulässigkeit der Beschlagnahme unverdienter Löhne mit mannichfachen Mittelmeinungen. Jene radikale Ansicht bestreitet dem künftigen Lohn die Eigenschaft einer Forderung. Denn wenngleich demselben unter Umständen ein obligatorisches, beiderseits bindendes Verhältniß zu Grunde liege, so sei der Anspruch auf Lohn doch immer von der Leistung der Arbeit abhängig, also nicht existent. Die Exekution in denselben — bemerkt weiter wenigstens ein Schriftsteller — sei eigentlich eine Exekution in die Arbeitskraft, eine geschärfte Art der Personal-Exekution. Die Analogie von Beamtenbesoldungen treffe nicht zu, weil diese mehr die Natur einer an Gegenleistung nicht gebundenen Rente hätten, und ihre Beschlagfähigkeit auf einem nicht auszudehnenden Singular-Recht beruhe.[1]) — Andererseits aber wird — und dies ist die herrschende Meinung[2]) — geltend gemacht, daß die Lohnforderung mit dem Vertrage entstehe (und nur noch nicht fällig) oder doch bereits soweit in ihrer Begründung vorhanden sei, daß, wie eine etwaige Cession oder Verpfändung, so auch eine Beschlagnahme derselben nicht des Gegenstandes entbehre. Die Gesetzgebung gebe dies insofern zu erkennen, als sie gewisse künftige Löhne (die Heuer der Schiffer — in dem jetzt aufgehobenen §. 1418. Tit. 8. Th. II. A. L. R. — ferner den Ueberverdienst der Sträflinge — A. Kab.-Ordre vom 28. Dezember 1840. Ges.-Samml. 1841. S. 52.) ausnahmsweise von der Beschlagnahme ausschließe. — Meistens wird dabei ein dauerndes Dienstverhältniß vorausgesetzt, und dessen Vorhandensein dann verneint, wenn der Arbeiter (z. B. ein Diätar bei einer Aktiengesellschaft) so gestellt sei, daß er bei völliger Freiheit des Arbeitgebers, ihn täglich zu entlassen, oder vielmehr seine Dienste nicht weiter zu verlangen, nur für die Leistungen eines jeden Tages sofort bezahlt werde. In diesem Falle ist wenigstens nach der Ansicht des Ober-Tribunals[3]) nicht blos die Ueberweisung des künftigen Lohns, sondern auch der Arrest gegenstandslos. Nicht dahin gehören indessen, wie meistens angenommen wird, Fabrik-, Berg- und Hüttenarbeiter, sowie Handwerksgehilfen, weil in Ermangelung entgegenstehender Verabredung ihr Arbeitsverhältniß

---

[1]) Vgl. Gruchot, Beiträge z. Erl. des Preuß. Rechts, Jahrg. III. S. 86 ff. 102 ff. Besonders hat diese Ansicht Ober-Trib.-R. Dr. Waldeck im Preußischen Abgeordnetenhause und jetzt auch im Reichstage vertreten.

[2]) Gruchot, a. a. O. Jahrg. II. S. 217 ff.; III. S. 78 ff. 82 ff.; Reskript vom 15. Juni 1832. — v. Rönne, Ergänzungen. 5. Ausg. Bd. 3. S. 436. — Reskript vom 26. April 1841. — J.-Min.-Bl. S. 155. — (Wegen baarer Auslagen, nicht wegen Gerichtssporteln, soll auch der noch nicht fällige Lohn des Gesindes in Beschlag genommen werden dürfen). — Jur. Wochenschr. 1844. S. 553.

[3]) Erkenntniß des 4. Senates vom 11. November 1852. — Striethorst, Archiv f. Rechtsfälle. Bd. 7. S. 318. — Aehnlich das Erkenntniß desselben Senates v. 28. Mai 1847 — Rechtsfälle. Bd. 1. S. 228. — Das Präjudiz 319. des 3. Senates vom 26. Mai 1837 erklärt nur die Beschlagnahme einer aus zweiseitigen, vom Exequenden nicht erfüllten Vertrage hervorgehenden Forderung behufs der Assignation oder Cession für unzulässig. Koch, Der Preuß. Civilprozeß. 2. Ausg. S. 561, erfordert für die Ueberweisung, daß die Forderung in ihrer Begründung vorhanden sei. Deshalb sei die so oft vorkommende Beschlagnahme von Gesellen- und Tagelohn unwirksam, weil der Vertrag erst künftig geschlossen werden solle, was mit jedem Tage von Neuem geschehe. Der Arrest habe also keinen Gegenstand. — Heffter, Preußischer Civilprozeß, 1856, schweigt über die Frage ganz. (Vgl. S. 337 ff., 348 ff., 294.)

nur durch eine jedem Theile freistehende, vierzehn Tage vorher zu erklärende Kündigung gelöst werden kann. (Allgemeine Gewerbe-Ordnung vom 17. Januar 1845. §§. 130. 145., Ges.-Samml. S. 41.; Gesetz v. 21. Mai 1860. §§. 4. 20., Ges.-Samml. S. 202.; Allgem. Berg-Gesetz vom 24. Juni 1865. §. 81., Gesetz-Sammlung S. 705.) Dem entsprechend wird in der altpreußischen Praxis auf den Antrag des Gläubigers bei diesen Personen, wie bei Gesinde und Hausoffizianten und überhaupt dem ganzen Gebiet dauernder Arbeitsverträge (locatio conductio operarum und operis) der noch nicht fällige Lohn in Höhe der Forderung des Gläubigers in Beschlag genommen und der Arbeitgeber angewiesen, den Lohn unmittelbar an den Gläubiger oder in das gerichtliche Depositorium abzuführen, während die Ansichten darüber, ob auch eine Ueberweisung zur eignen Einklagung (in vim assignationis) oder eine Uebereignung (cessionis modo) statthaft sei, wiederum auseinandergehen. Innerhalb jener ziemlich allgemeinen Praxis zeigt sich indessen noch ein Unterschied, je nachdem der ganze Lohn oder nur ein Theil desselben für beschlagfähig erachtet wird. Manche Gerichte wenden, insonderheit für Berg- und Hütten-Arbeiter, analog die Vorschriften des §. 95. Tit. 24. Th. I. A. G. O. an, wonach Künstlern oder Professionisten, welche nur ihr unumgänglich nothwendiges Werkzeug besitzen, Theilzahlungen gestattet werden dürfen, eine Vorschrift, welche in §. 142. daselbst im Falle der zwangsweisen Abarbeitung der Schuld (eines gänzlich unpraktischen Exekutionsmittels) allgemein für anwendbar erklärt ist. Auch pflegt aus den anderweiten gesetzlichen Beschränkungen der Exekution[4]) der Grundsatz entwickelt zu werden, daß durch die Exekution der Nahrungsstand des Schuldners nicht völlig zerrüttet werden dürfe.[5]) Andererseits aber wird eine solche Argumentation unter Hinweis auf die singuläre Natur aller dieser Vorschriften nicht als berechtigt anerkannt[6]) und höchstens auf Anrufen des Schuldners dem Gläubiger anheimgegeben, seinen Exekutionsantrag auf eine Quote des künftigen Lohns zu beschränken. —

Auch im Gebiet des Rheinischen Rechts sind die Ansichten verschieden. Art. 1244. des Code civil gestattet zwar dem Richter, mit Rücksicht auf die Lage des Schuldners mäßige Zahlungsfristen zu bewilligen und, während Alles in dem bisherigen Zustande bleibt, der

---

[4]) Siehe dieselben bei Uecke, Exekutionsordnung. 1856. S. 26 ff.; auch in dem Komm.-Ber. des Abgeordnetenhauses 1865. Bd. V. Nr. 221 S. 8 ff.

[5]) Gruchot, Jahrg. II. S. 217 ff.; III. S. 78 ff., 97 ff., 110 ff.; VIII. S. 348. Jur. Wochenschrift, a. a. O. (Note 2).

[6]) Gruchot, II. S. 221 ff.; III. S. 84 ff.

Vollstreckung Einhalt zu thun. Indeß hat sich auf dem Boden dieser Vorschrift eine gleichmäßige Praxis hinsichtlich des Lohnarrestes nicht entwickelt. Während Manche auf Grund derselben einen Theil des Lohns von der Exekution freilassen, halten Andere die Vorschrift bezüglich der Beschlagfähigkeit des Lohns nicht für anwendbar.[7])

Ebenso ungleich ist die Praxis in den älteren gemeinrechtlichen Gebieten und den im Jahre 1866 neu erworbenen Landestheilen, da es überall an ausdrücklichen Vorschriften fehlt.[8])

Nach Privatmittheilungen angesehener hannöverscher Juristen hält man in Hannover im Allgemeinen die Beschlagnahme künftiger Arbeits- und Dienstlöhne (der Dienstboten, Fabrikarbeiter, Gesellen 2c.) auf Grund des von „Besoldungen, Dienstemolumenten und dergleichen" handelnden §. 565. (§§. 555. 556.) der Hannov. bürgerlichen Prozeßordnung für zulässig. Darüber, ob der ganze Lohn der Beschlagnahme zu unterwerfen, ist man in der Praxis nicht einig. Nach der Ansicht der Einen bestimmt richterliches Ermessen die abzugsfähige Quote; nach der der Andern hat der Richter auf Antrag des Gläubigers den ganzen Lohn in Beschlag zu nehmen.

Im Appellationsgerichtsbezirk Kassel (vormaligen Kurfürstenthum Hessen) wird eine Entscheidung des vormaligen Oberappellationsgerichts zu Kassel vom 26. August 1837. nr. 4585.[9]) als maßgebend angesehen, welche den erst durch vorgängige Dienstverrichtung bedingten Lohn (eines Lohnkutschers), als eine noch nicht entstandene Forderung, nicht für einen zulässigen Gegenstand des Arrestes erachtet. Indessen geben nach Mittheilung eines angesehenen Praktikers manche Gerichte dennoch Immission in alle noch nicht fälligen Löhne; andere unterschei-

---

[7]) Der bekannte Kommentator der französischen Civilprozeßordnung (Schlink, Kommentar Bd. 4 (1845) S. 44) ist aus inneren Gründen (weil der Prinzipal „den ersten Anspruch auf die Erfüllung des Vertrags" habe) der Ansicht, der Richter müsse festsetzen, wieviel der Untergebene (Gesinde, Gehilfen eines Geschäfts oder einer Haushaltung) übrig behalte. Uebrigens biete schon Art. 592 des code de proc. (welcher die exekutionsfreien Sachen aufführt) einen Anhaltspunkt dafür dar, daß solchen Personen nicht Alles zu entziehen sei. Bériat-St. Prix, Cours de proc. civ. p. 365. note q. citirt Urtheile französischer Gerichte, welche den Gesindelohn für beschlagfähig erachtet haben.

[8]) Die Prozeßordnung vom 24. Juni 1867 (Ges.-Samml. S. 885) für einen Theil der neuen Landestheile so wenig, als die Verordnung für die älteren gemeinrechtlichen Gebiete vom 21. Juli 1849 (Ges.-Samml. S. 307) enthält Bestimmungen über die Exekutionsmittel.

[9]) Henkel, bemerkenswerthe Rechtsfälle 2c. aus der kurhessischen Rechtspflege. Kassel 1838. S. 607. Vgl. auch Norddeutsche Justiz-Zeitung. Jahrgang V. (1868) Nr. 22 S. 174.

den zwischen dauernden und täglich auflöslichen Verhältnissen, während die strengste Meinung in allen Fällen den Verfalltermin abwartet.

Das Nassauische Exekutionsgesetz vom 16. Juli 1851 (Verordnungsblatt S. 121.) läßt die von Beamtenbesoldungen geltenden Vorschriften auf die „Besoldungen, welche nicht aus öffentlichen Kassen bezogen werden", analog anwenden (§. 43.).

Außerhalb Preußens ist der Rechtszustand in Deutschland nicht minder bunt, und da es meist an deutlichen Partikulargesetzen fehlt, höchst unsicher.

Gemeinrechtlich ist die vorliegende Spezialfrage wenig erörtert; da die Quellen schweigen, so sind die Meinungen verschieden.[10])

In Sachsen (Königreich) wird in der Literatur zwar die Ansicht vertreten, daß die Beschlagnahme der Dienstlöhne bei Privat-Dienstverhältnissen unbeschränkt stattfinden müsse.[11]) Jedoch ist mir versichert worden, daß manche Gerichte bei Privatbesoldungen und Dienstlöhnen nur $1/3$ (wie bei Staatsdienern)[12]) für beschlagfähig halten und danach verfahren.

Auch in Braunschweig wird diese Analogie auf Grund des §. 388. der Civilprozeß-Ordnung vom 19. März 1850 („Gehalte" rc. „und dergleichen") für zulässig angesehen, und das Gleiche ist mir für Mecklenburg mitgetheilt worden. Auch in Oldenburg[13]) soll man diese Grundsätze anwenden.

Eine ausdrückliche Bestimmung enthält die Exekutionsordnung für Schwarzburg-Sondershausen vom 13. August 1847. §. 48:

[10]) Gegen die Zulässigkeit: Leyser, Med. ad Pand. Lib. 42. Tit. 5. spec. 476. n. 4. Liebe in Weiske's Rechtslexikon. Bd. 4. S. 115. bemerkt: Besoldungen und Pensionen seien gemeinrechtlich ein geeignetes Exekutionsobjekt. Nur Staatsdienern sei soviel zu lassen, daß sie subsistiren können. Auch Wetzell, Civilprozeß. 2. Aufl. S. 577. rechnet feste Gehaltsbezüge, soweit sie nicht dem partikularrechtlichen beneficium competentiae unterliegen, zu den Forderungen, in welche die Exekution stattfinde, und erwähnt die den öffentlichen Beamten (in Anlehnung an das von den älteren Kanonisten behauptete beneficium der Kleriker) zugebilligte Kompetenz. Ganz ähnlich Renaud, Gem. Deutsches Civilprozeßrecht (1867) S. 458. 461. — Ungefähr auf demselben Standpunkt („feste Bezüge, Gehalte und Pensionen aus öffentlichen Kassen" resp. „Besoldungs- und Rentenbezüge", wobei übrigens häufig von Gehalten und Pensionen, „wenigstens des Staats", ein gewisser Theil dem Schuldner freigelassen werden müsse) befindet sich der neueste Schriftsteller Endemann, Das deutsche Civilprozeßrecht. 1868. S. 995. 1021.

[11]) Osterloh, Der ord. bürgerl. Prozeß nach K. Sächs. R. 4. Aufl. Bd. 2. (1860.) S. 685 ff. Anmerk. 19.; Beck, das Exekutionsgesetz v. 28. Febr. 1838. S. 80.

[12]) Osterloh, S. 683.; Beck, S. 79 ff.

[13]) Das Oldenburgische Prozeßgesetz von 1857 hat über die Exekutionsmittel Nichts bestimmt; s. Becker, Kommentar. S. 226.

„Bei der Beschlagnahme von Dienst- und Arbeitslöhnen ist ohne Unterschied, ob dieselben bereits verdient oder erst künftig zu verdienen sind, soviel freizulassen, als der Schuldner zum nothdürftigen Unterhalt für sich und die Seinigen nach dem Ermessen der Behörde braucht."

Auch in Württemberg gilt eine ähnliche, durch die Civilprozeß-Ordnung vom 3. April 1868 nicht berührte Vorschrift (Art. 42. des Exekutionsgesetzes) dahin, daß der laufende Gehalt von Privatdienern nur nach Abzug dessen, was zur Nothdurft des Schuldners erforderlich sei, mit Beschlag belegt werden dürfe, während die Badische Prozeß-Ordnung von 1864 (§. 919.) geradezu dieselben Bestimmungen, welche von Staatsdiener-Gehalten gelten, zur Anwendung bringt, „wenn Gehalte von Personen, die in anderen Diensten, als denen des Staats stehen, mit Beschlag belegt werden sollen."

In Oesterreich findet sich unseres Wissens nur ein singuläres Verbot der Beschlagnahme künftiger Löhne für Bergarbeiter (in dem Berggesetz vom 23. Mai 1854. §. 267.). —

Eine Aenderung des bestehenden Rechts ist vorzugsweise in Preußen erstrebt worden, wo die Beschlagnahmen künftiger Löhne einen sehr beträchtlichen Umfang erreicht haben.[14]) Namentlich gilt dies von solchen Punkten, wo dauernd eine Ansammlung größerer Arbeitermassen stattfindet. Besonders seit dem Jahre 1855 ist eine zunächst aus den Reihen der Arbeitgeber hervorgegangene Agitation in jener Richtung fortwährend im Wachsen begriffen. Die erste Verhandlung der damaligen zweiten Kammer ist noch verhältnißmäßig mager: Der Kommerzienrath F. in Grünberg hatte in einer Petition die Beschränkung der Beschlagnahme des Lohnes der Fabrikarbeiter beantragt. Gegen den Antrag der Kommission, welche Uebergang zur Tagesordnung vorschlug, wurde die Petition in der Sitzung vom 18. April 1855 nach kurzer Debatte der Staatsregierung zur Erwägung überwiesen.[15]) Ein erneuter Versuch im Jahre 1857 verlief in ganz gleicher Weise, obwohl der damalige Justizminister erklärte, daß die Staatsregierung nach An-

---

[14]) Eine im Jahre 1861 dem Abgeordnetenhause eingereichte Denkschrift des Oberschlesischen berg- und hüttenmännischen Vereins berichtet (S. 9.), daß im Beuthener Kreise im Jahre 1861 bei einer Zahl von 30000 Arbeitern monatlich durchschnittlich 800 Lohnabzüge verfügt seien. Weitere Angaben enthält ein Kommissionsbericht desselben Hauses von 1865. Auch Waldeck erwähnt im Reichstage (Sten. Ber. S. 223), daß bei Einem Werke (in Hörde-Wiesenhahn) im Jahre 1804 550 Arrestanlagen zum Betrage von 8000 Thlr. vorgekommen seien.

[15]) Sten. Ber. der 2. K. 1855. S. 763. (auf Antrag des Abgeordneten Strohn, dem Abgeordneter von Gerlach beistimmte).

hörung der Provinzialorgane zu der Ueberzeugung gekommen sei, daß ein Verhältniß vorliege, welches sich der positiven Gesetzgebung entziehe.[16]) Die Ressortminister ordneten darauf eine Befragung der Appellationsgerichte, einzelner Gerichte erster Instanz und der Bezirksregierungen an; von den Appellationsgerichten sprachen sich 7 für, 10 gegen eine Abänderung der bestehenden Gesetze aus, unter den letzteren eins, weil es schon nach geltendem Recht die Beschlagnahme künftigen Lohns überhaupt nicht, zwei, weil sie dieselbe nur zum Theil für zulässig hielten. Auch die Meinung der übrigen Organe war getheilt.[17]) Nachdem in den Jahren 1859 und 1860 Petitionen auf Beschränkung der Beschlagnahme des Gesindelohns auf einen den Umständen angemessenen Betrag nach dem Kommissionsantrage durch Uebergang zur Tagesordnung erledigt waren, brachten Oberschlesische Abgeordnete im Jahre 1861 einen Gesetzentwurf dahin ein:

„Der Lohn der Berg-, Hütten- und Fabrik-Arbeiter unterliegt nur in Höhe eines Viertheils seines Betrages dem Arreste und der Exekution."

Diesmal hatte der Vorschlag ein umgekehrtes Schicksal. Während die Kommission die Annahme des Entwurfs empfahl[18]), wurde derselbe im Plenum nach eingehender Debatte abgelehnt.[19]) —

Die weitesten Dimensionen nahm die Angelegenheit im Jahre 1865 an. Der Abgeordnete Wagener beantragte, die Staatsregierung zur baldmöglichsten Vorlegung eines Gesetzentwurfs, betreffend die Beschränkung der gerichtlichen Beschlagnahme der Arbeitslöhne im Wege des Arrestes und der Exekution, aufzufordern. Mit einer Erweiterung desselben auf administrative Beschlagnahmen der Arbeits- und Dienstlöhne empfahl die Kommissionsmehrheit den Antrag zur Annahme.[20]) Die Staatsregierung verneinte, wie früher, das Bedürfniß wenigstens einer sofortigen Gesetzänderung und wollte die Frage eventuell nur im Zusammenhang mit dem Exekutionsrecht näher geregelt wissen. Indessen nach einer sehr bewegten Debatte wurde der Kommissions-Antrag fast einstimmig angenommen.[21]) — Dessenungeachtet hat

[16]) Sitzung vom 9. März 1857.; Sten. Ber. S. 448 ff.

[17]) Komm.-Ber. des Abgeordnetenhauses von 1865 (s. Note 4.) S. 3.

[18]) Komm.-Ber. 1861. Drucksachen Nr. 177.

[19]) Auch ein Verbesserungsantrag, von der Unzulässigkeit der Beschlagnahme künftiger Löhne ausgehend und auf Vorlage eines entsprechenden Gesetzentwurfs zielend, wurde abgelehnt (Stenogr. Ber. S. 1080 ff.).

[20]) Komm.-Ber. 1865. Drucksachen Nr. 221.

[21]) Stenogr. Ber. S. 2025 ff. (Sitzung vom 10. Juni 1865). Abgeordn. Lette hatte motivirte Tagesordnung beantragt.

bisher die Staatsregierung in ihrer ablehnenden Haltung verharrt.[22])

Auch der im Jahre 1864 in Preußen veröffentlichte Entwurf einer Civilprozeßordnung läßt (abgesehen von den Besoldungen der Beamten und Militärs — §. 1087 —) unbeschränkt die Beschlagnahme von „Besoldungen, Dienstemolumenten, Wartegeldern" ꝛc. „oder anderen an die Person des Schuldners gebundenen fortlaufenden Einkünften" zu und bestimmt ausdrücklich, daß sich dieselbe auf die bereits fälligen, sowie auf die künftigen Beträge derselben erstrecke (§. 1131.), ohne daß der bezüglich des Lohnarrestes bestehenden Kontroverse gedacht wird. Der Entwurf ist deshalb von einem Vertreter der milderen Meinung angegriffen worden,[23]) wie denn auch sonst, im Zusammenhang mit jenen parlamentarischen Kämpfen und der über die Auslegung des geltenden Rechts obwaltenden Kontroverse, einige Stimmen in der Literatur für neue gesetzliche Regelung der Frage im Sinne einer Beschränkung des Lohnarrestes laut geworden sind.[24]) —

Von den neueren in die Oeffentlichkeit gelangten Prozeßordnungs-Entwürfen enthalten der der Kommission in Hannover (1866) — sogenannte deutsche Entwurf — der Hessische (1867) und der (bereits zum Gesetz erhobene, wenngleich noch nicht in Wirksamkeit getretene) Württembergische Entwurf (1867) Nichts von den Exekutionsmitteln. Der Oesterreichische Entwurf (1867) handelt abgesehen von der Exekution in „Forderungen" (§. 915 ff.) von der Exekution in Gehalte der Geistlichen, öffentlichen Beamten und Lehrer und der Militairs, für welche gewisse Kompetenzen gelten sollen (§. 828—831), gedenkt aber des Arbeitslohns ebensowenig, als der (anonym erschienene, dem Vernehmen nach von dem verstorbenen Ober-Tr.-R. v. Daniels herrührende) „Vorentwurf einer gemeinschaftlichen Civilprozeßordnung für das Gebiet des Norddeutschen Bundes" (1867). Dagegen haben der Weimarisch-Schwarzburgische (1852), der Bayerische (1861) und der K. Sächsische Entwurf Spezialbestimmungen aufgenommen. Der letztere regelt zunächst die Kompetenz bei Beschlagnahme von Staatsdiener-Gebührnissen (§. 1105.) und bestimmt sodann (§. 1108.):

---

[22]) Als jedoch bei Gelegenheit der letzten Etatsberathung (Februar 1868) von einer Seite die administrativen Beschlagnahmen künftiger Löhne zur Sprache gebracht wurden, äußerte sich der Finanzminister günstig im Sinne der erbetenen Abhülfe. Mit Rücksicht hierauf und auf die bevorstehende neue Civilprozeßordnung sind später auch einschlagende Petitionen in der Justizkommission des Abgeordnetenhauses als erledigt angesehen.

[23]) Hinschius, Preußische Anwalts-Zeitung. Jahrg. 1865. Nr. 48. (Silberschlag).

[24]) Gruchot, Jahrg. II. S. 221. Jahrg. III. S. 96. 111.; Preußische Gerichts-Zeitung 1860. Nr. 24. (Geck); 1861. Nr. 42. (Silberschlag).

„Dienstlohn und andere Dienstbezüge der Dienstboten, das Arbeitslohn der Gewerbsgehülfen und der Handarbeiter, insbesondere auch bei dem Bergbau und dem Hüttenwesen, und Gehalte der in einem Privatdienste stehenden Personen sind der Beschlagnahme nur insoweit unterworfen, als sie nach Ermessen des Richters nicht zu dem eigenen Unterhalte dieser Personen und dem Unterhalte derjenigen Familienglieder, zu deren Unterhaltung sie gesetzlich verpflichtet sind, gebraucht werden.“ [25])

Aehnlich bestimmt der Weimarisch-Schwarzburgische Entwurf nach Regelung der bei Exekution in Bezüge aus öffentlichen Kassen eintretenden Beschränkung (Art. 652) in § 658:

„Dienst- und Arbeitslöhne der Dienstboten, Gesellen, Tagelöhner u. s. w., sowie Gehalte der im Privatdienst Stehenden können nur insoweit in Anspruch genommen werden, als sie nicht nach richterlichem Ermessen zum Lebensunterhalt unentbehrlich sind.“

Noch weiter geht der Bayerische Entwurf (Art. 898.), indem er die Beschränkungen der Beschlagnahme von Staatsdiener-Besoldungen auch auf „Privatdienstgehalte“ zur Anwendung bringt und weiter bestimmt:

„Noch nicht fälliger oder noch nicht verdienter Lohn der Dienstboten und Handwerker, sowie aller Arbeiter, welche tageweise ihren Lohn empfangen[26]), können nicht mit Beschlag belegt werden.“ [27])

Bei der späteren Berathung im Gesetzgebungsausschusse der Kammer der Abgeordneten hat man jedoch das Prinzip wiederum verlassen und nur eine ähnlich wie bei öffentlichen Beamten bestimmte Beschränkung für erforderlich gehalten. Es sollen nämlich nach Art. 2. Z. 2. 3. des XXIII. Hauptstückes („Arrest auf Forderungen“) dem Arreste nicht unterworfen sein:

„Der noch nicht verdiente oder noch nicht fällige baare Lohn von Dienstboten, Gewerbsgehilfen, Taglöhnern, Fabrik- und ähnlichen Arbeitern, soweit er den Betrag von 4 Gulden wöchentlich nicht übersteigt, und bis zur Hälfte des Mehrbetrages“;

„die Bezüge aus anderen Privatdiensten (sowie die Bezüge aus Pensionsvereinen) bis zu dem in Ziff. 1. bezeichneten Maße“, d. h. soweit sie den Betrag von 400 Gulden nicht übersteigen und bis zur Hälfte des Mehrbetrages.

---

[25]) Die Motive schweigen — s. S. 666.

[26]) Gewerbsgehülfen also, welche anf Stücklohn arbeiten oder in längeren Fristen, als einen Tag, ausgelohnt werden, sind nicht betroffen.

[27]) Auch hier fehlt die Motivirung — s. die Motive S. 649. —

Zieht man aus dieser Uebersicht die Summe, so kann es nicht zweifelhaft sein, daß das heutige Rechtsbewußtsein einer unbeschränkten Zulassung der Beschlagnahme noch unverdienten Lohnes abgeneigt ist. Wenn es sich aber darum handelt, ob ein unbedingtes Verbot oder eine bloße Beschränkung sich aus dem Strom der Meinungen herauszuarbeiten im Begriff ist, so scheint mir, von der eiligen Reichstagsresolution abgesehen, die Wagschaale mehr nach der letzteren Seite zu neigen. Mindestens ist die öffentliche Meinung nicht in dem Maße, als sich zuletzt bezüglich der Beseitigung der Personalschuldhaft gezeigt hat, durch das Beispiel benachbarter Staaten eingenommen. Eine ruhige Prüfung innerer Gründe kann daher noch auf Einfluß rechnen. Die rein juristischen Bedenken zunächst, welche man dem Lohnarrest entgegenhält, dürften bei näherer Betrachtung kaum Stand halten. Die Analogie der Personalhaft vor Allem scheint mir durchaus unzutreffend. Der Schuldarrest ist gefallen, vorzugsweise, weil die Person des Schuldners nach heutiger Auffassung seiner Verfügung nicht unterliegt, weil die Freiheit als unveräußerliches Gut betrachtet wird, das zur Erfüllung von vermögensrechtlichen Verbindlichkeiten weder bestimmt, noch geeignet ist. Dieser Grund aber paßt nicht auf den künftigen Lohn. Der Arbeiter bleibt frei; er wird nicht zur Arbeit gezwungen; nur ein bestimmter Theil des Ertrages seiner Arbeit, nicht die Arbeitskraft, wird in Beschlag genommen und von der Arbeit abgelöst, wie dasselbe auch mit dem Willen des Schuldners geschehen könnte. Nur ein Vermögensrecht wird seiner Verfügung entzogen, nicht seine Person. Nun sagt man zwar: Von einem Vermögensrecht kann nicht die Rede sein, weil die Arbeit noch nicht geleistet ist; der Arrest, der den künftigen Lohn treffen soll, ist gegenstandslos. Dies ist ein wesentlich anderer Standpunkt, der der privatrechtlichen, nicht der publizistischen Gründe. Allein die Beschlagnahme ist eine wesentlich kautionelle Maßregel, welche die Befriedigung des Gläubigers nur vorbereitet, nicht unmittelbar herbeiführt. Sie kann Vermögensobjekte ergreifen, welche noch nicht vollständig zur Entstehung gelangt sind, deren Entstehung aber nach dem natürlichen und gewöhnlichen Verlauf der Dinge zu erwarten steht. Wie man Früchte auf dem Halme verpfänden und in Beschlag nehmen kann,[28]) so sind auch Forderungen arrestfähig, deren gewöhnliche Entstehungs-Bedingungen in einem bereits vorhandenen Obligationsverhältnisse gegeben sind. Ein solches Ver-

---

[28]) §. 13. Tit. 24. Th. I. A. G.-O.; Strey, die Lehre von den Arresten. S. 28. 129.

hältniß, die Existenz eines (zweiseitigen) Arbeitsmieths= oder Werkverdingungs=Vertrages ist die unerläßliche Bedingung des Lohnarrestes. Selbst in der strengsten Begrenzung auf noch nicht verdienten Lohn im engsten Sinne (wobei auch noch nicht ein Stück der entsprechenden Arbeit gethan, also nicht das geringste Lohn=Partikel verdient und nur noch nicht fällig ist,[29]) setzt schon die nothwendige individuelle Bezeichnung des zu arrestirenden Lohnes immer ein bereits rechtlich bestehendes obligatorisches Verhältniß der gedachten Art voraus. Dies muß die Arrest=Verfügung zu treffen im Stande sein. Da nun schon zwischen dem Antrage und der Behändigung der Verfügung eine Zeit vergeht, so ist eine gewisse Dauer des Verhältnisses allerdings nothwendige Voraussetzung der Beschlagnahme. Bei der Möglichkeit einer stillschweigenden Relokation aber dürfte dieses Erforderniß nicht allzu streng zu behandeln sein. Auch die nur thatsächlich längere Dauer eines von vorn herein ohne bestimmte Festsetzung eines Endtermins eingegangenen Verhältnisses genügt, um eine gewisse Identität und Kontinuität desselben anzunehmen.[30]) Ist nun ein solches Verhältniß einmal begründet, so entspringt aus demselben sofort eine Forderung auf Zahlung des Lohnes, allerdings auf Zahlung erst nach vollendeter Arbeit, aber doch immer eine Forderung. Die Zweiseitigkeit des Dienstmiethsvertrages bringt es mit sich, daß in gewisser Weise allerdings die Lohnforderung von der Vorleistung der Arbeit abhängig ist. Allein der Wille des Arbeitgebers ist doch immer bereits gebunden; er kann sich nicht weigern, die Arbeit anzunehmen und den Lohn zu bezahlen. Der Lohnarbeiter hat ein Recht darauf, jene „Bedingung" selbst zu erfüllen, welches der gesetzlichen Schutzmittel nicht entbehrt. Hiermit tritt der künftige Lohn in den Kreis der Vermögensobjekte des Schuldners. Läßt man überhaupt bei wechselseitigen Verträgen ein Eintreten des Gläubigers eines Kontrahenten an Stelle des Letzteren im Wege der Exekution zu,[31]) wie die

---

[29]) Die Begriffe „Fälligkeit" und „Existenz" fallen hier häufig zusammen.

[30]) Deshalb sind wir nicht der Ansicht, daß unter allen Umständen unverdienter Tagelohn und noch viel weniger unverdienter Gesellenlohn der Beschlagnahme entzogen sei. Wird bei diesen Verhältnissen von der täglich oder nach kurzer Frist zulässigen Kündigung oder Aufhebung kein Gebrauch gemacht, so dauert das Verhältniß eben fort. Daß die Bezahlung des Lohnes tageweise erfolgt, zersplittert noch nicht nothwendig das Arbeits=Verhältniß in ebensoviel Tage.

[31]) Z. B. bei der Sachmiethe nach Preußischem Recht, §. 113. Tit. 24. Th. I. A. G. O. Vgl. ferner die vom Eintritte der Concursgläubigerschaft in noch unerfüllte zweiseitige Verträge des Gemeinschuldners handelnden §§. 15 ff. der Conc.-Ord. v. 8. Mai 1855.

Cession der aus einem unerfüllten zweiseitigen Vertrage entspringenden Forderung zulässig ist,[32]) so muß auch die Beschlagnahme des künftigen Lohnes gestattet sein. Gerade das, was die Maßregel immer zu einer dem Erfolge nach prekären macht, die Möglichkeit, daß die Arbeit nicht geleistet, und der Lohn nicht verdient wird, beseitigt, wie bereits oben angedeutet, das Bedenken, daß der Lohnarrest die Freiheit des Arbeiters beschränke.

Eine andere Frage aber ist, ob nicht, aus wesentlich unjuristischen Gesichtspunkten betrachtet, der Lohnarrest eben so verwerflich ist, als der Personalarrest. Es ist zu erwägen: Der Arbeitslohn ist oft das einzige Vermögen des Arbeiters, der nichts hat für sich und seine Familie, als seine Arbeitskraft. Ihm den Arbeitslohn auf längere Zeit entziehen, heißt ihm seinen Lebensunterhalt nehmen und ihn dem Elend preisgeben. Die Freiheit ist ein ideales Gut; ihr Verlust läßt sich allenfalls auf einige Zeit verschmerzen. Der Gläubiger muß ja dem Schuldner im Gefängniß nothdürftigen Unterhalt gewähren. Verlust des Arbeitslohns aber ist für den Arbeiter Vernichtung seiner wirthschaftlichen Existenz. In dieser Noth sucht sich das Leben einen Ausweg. Ist der Arbeiter ein geschickter und fleißiger, den sich der Dienstherr zu erhalten wünscht, so läßt sich dieser vielleicht bewegen, die Schuld vorschußweise für ihn zu berichtigen. Es wird also, ähnlich wie bei der Personalhaft, ein unberechtigter Druck auf Dritte geübt. Diese Fälle sind indessen nur vereinzelte. In den meisten anderen Fällen wird der Arbeiter entlassen, weil mit der Entziehung des Lohns sich auch die Arbeit verschlechtert, oder sich der Arbeitgeber der Mühe der Abführung an den Gläubiger oder an das Gericht nicht unterziehen will; oder der Arbeiter verläßt freiwillig seine Arbeitsstelle, um anderswo lohnende Arbeit zu suchen, bis ihn auch dort die Beschlagnahme erreicht. Welche moralische und soziale Gefahren hiermit verbunden sind, bedarf kaum der Entwickelung. Kollusionen mit den Arbeitgebern, besten Falles vielleicht durch einseitige Auffassung oder Mittheilung über die Entstehung des Schuldverhältnisses unterstützt, suchen häufig den Gläubiger um den Erfolg seiner Maßregel zu bringen und verderben die sittliche Basis des Arbeitsverhältnisses. Ein vagirender Arbeiter, der sich vor den Augen seiner Gläubiger verbirgt, wird unvermerkt auf eine tiefere sittliche und soziale Stufe gerathen.

---

[32]) Gemeinrechtlich ist dies freilich, namentlich für den Pachtvertrag, bestritten — v. Holzschuher, Theorie und Kasuistik. 2. Aufl. Bd. 3. S. 123. Für Preußisches Recht s. Plenarbeschluß des Obertribunals vom 16. Januar 1846 (Präj. 1689.). Entscheidungen Bd. 12. S. 11.

Mit dem Herabsinken seiner Leistungen an das Gemeinwesen schwindet sein Interesse an diesem, wie das des letzteren an ihm. Bis zur völligen Entwerthung des Arbeiters und Reduktion zum bloßen Konsumenten und Subtrahenden des Nationalwohlstandes ist dann nur ein kleiner Schritt. — Zu solchem Aeußersten aber soll es m. E. die Verwirklichung des Rechts nicht kommen lassen.

Man kann sehr wohl zweifelhaft sein, ob nicht die vollständige Ausschließung der Beschlagnahme künftigen Lohnes die einzig wirksame Maßregel sei. Indessen sprechen doch überwiegende Gründe gegen ein solches Radikalmittel. Es muß wiederholt werden: der Lohn ist oft das einzige Vermögen des Arbeiters. In diesen Fällen käme die Versagung der Beschlagnahme einer Rechtsverweigerung gleich. Nicht nur der Kredit des Arbeiters würde aufhören, sondern auch alle lediglich aus dem Gesetze oder doch nicht aus Rechtsgeschäften entspringenden Verbindlichkeiten würden die Aussicht auf Befriedigung verlieren. Man darf nicht vergessen, daß, was gegen den Schuldner Milde ist, gegen den Gläubiger Härte sein kann. Hierbei ist namentlich an den häufigen Anspruch aus unehelicher Vaterschaft gegen Knechte, Gesellen, städtisches Gesinde und dergleichen zu erinnern. Gerade für solche sich in die Zukunft erstreckende Verbindlichkeiten ist der künftige Lohn des Verurtheilten oft das einzige Exekutions-Objekt und bietet sich als natürlichstes Befriedigungsmittel wie von selbst dar. Es hätte etwas das Rechtsgefühl Bedrückendes, wenn der Schuldner bei reichlichem Arbeits- oder Dienstlohn sich dem Wohlleben ergeben könnte, indeß der Gläubiger oder die Gläubigerin in Dürftigkeit und Noth verkäme. Die Exekution muß alles Das ergreifen, was der Schuldner irgend entbehren kann. Nur über die feine Grenze darf sie nicht hinausgehen, auf welcher summum ius in summa iniuria umschlägt. Man darf m. E. auch vom Rechts-Standpunkte nicht davor zurückschrecken, als Grundsatz aufzustellen, daß durch die Exekution Niemand in seiner wirthschaftlichen und gesellschaftlichen Existenz völlig vernichtet werden darf. Freilich darf man denselben nicht als einen zur unmittelbaren Anwendung geeigneten Rechtssatz proklamiren, sondern hat ihn nur als ein gesetzgeberisches Motiv anzuerkennen. Als solches ist derselbe längst in dem Recht aller Kulturvölker zur Geltung gelangt. Er bildet den gemeinsamen Grundzug der zahlreichen Exekutionsbeschränkungen, welche sich in allen modernen Exekutions- und Konkursordnungen finden, und durchdringt namentlich auch die preußische Gesetzgebung.[33]) Wie weit man nun in der Aus-

[33]) Vergl. §. 71. 95. I. 24. A. G. O.; K. O. vom 13. Dezember 1836 (Ges.-Samml. 1837. S. 1 ff.); Verordnung vom 13. Oktober 1843 (Ges.-Samml. S. 336.);

dehnung dieser Beschränkungen gehen wolle, ist mehr eine Frage der Social-Politik. Es verstößt m. E. nicht minder gegen die reine ratio iuris, wenn das Gesetz die Betten, Kleidungsstücke, das unumgänglich nothwendige Handwerkszeug oder Landwirthschaftsgeräth[34]), Vieh und dergleichen für unangreifbar erklärt, als wenn man einen Theil des noch nicht fälligen Lohnes — in den meisten Fällen immerhin ein unregelmäßiges, der natürlichen Anschauung ferner liegendes Exekutionsmittel — unbedingt freiläßt.[35]) Bei dem weiten Begriff der Arbeit und des Arbeitslohns läßt sich hier kaum von einem Singular-Recht reden, geschweige von einem Privilegium.

Es ist der unverkennbare Zug der Rechtsentwickelung, die Strenge des Schuldrechts allmählich zu mildern. Die Vorgänge der neueren Partikulargesetze und Entwürfe, welche ich oben zusammenzustellen gesucht habe, zeigen m. E. deutlich, daß das deutsche Exekutionsrecht bezüglich des Lohnarrestes bei einem Wendepunkte angekommen ist. Trotz aller Verschiedenheit im Einzelnen ergiebt sich, daß die Schwierigkeiten, welche der Formulirung eines dem Bedürfniß entsprechenden Rechtssatzes unleugbar entgegenstehen, nicht unüberwindlich sind. Nicht ohne Grund werden bereits in ziemlich weitem Umfange die von Beamten-Besoldungen geltenden Grundsätze analog auf Arbeits- und Dienstlöhne angewendet. Die Aehnlichkeit der privatrechtlichen Seite des Beamten-Verhältnisses ist in der That in die Augen fallend. Ganz nahe stehen demselben diejenigen dauernden Privatdienstverhältnisse (z. B. der Hausoffizianten), bei welchen man gleichfalls von einer Anstellung und Besoldung zu reden pflegt. Indessen dieselbe juristische Analogie gilt für Arbeitslöhne überhaupt. Ist auch die Beamten-Besoldung nicht als Entgelt einzelner dienstlicher Arbeiten aufzufassen, so ist doch ihre Fortentrichtung durch die Dauer des Dienstverhältnisses bedingt. Ihre Beschlagfähigkeit, welche das Gesetz überall anerkennt, ist deshalb gleichzeitig ein Argument für die Beschlagfähigkeit des künftigen Lohnes.

Hat nun die Gesetzgebung den Staatsbeamten aus Rücksicht auf den öffentlichen Dienst (gewissermaßen ex iure tertii) ein beneficium

---

Konk.-Ordn. vom 8. Mai 1855. §. 143 2c. — s. Uecke. S. 26 ff. — Ueber gemeines Recht und zahlreiche Particularrechte siehe Renaud a. a. O. S. 461. Vgl. auch Sächs. Exek.-Ges. § 46 — Beck S. 66 ff. — Lübecker Civilprozeßordnung §. 167. — Ferner Art. 592. des code de procédure — s. Schlink, Kommentar. Bd. 4. S. 71 ff. — Berriat-Saint-Prix p. 372 seq. — Rüttimann, Englischer Civilprozeß. S. 230.

[34]) So bereits in der Magna charta.

[35]) Nirgends weniger als hier, paßt das bei Gruchot, Jahrg. II. S. 225. zur Abwehr gebrauchte: „Fiat iustitia pereat mundus!“

competentiae gewährt, so kann auch für ein analoges beneficium des Arbeiters ein Interesse des Staats an Erhaltung leistungsfähiger Staatsbürger angeführt werden. Mindestens ist diese Argumentation nicht ohne Weiteres von der Hand zu weisen. M. E. ist dieselbe indessen mehr ein theoretischer Stützpunkt, als von rechtssätzlichem Gehalt. Das Interesse des Staats bei der Exekution in die Besoldung seiner Beamten ist doch ein wesentlich verschiedenes von dem, welches bei der Beschlagnahme gewöhnlichen Arbeitslohns in Frage kommen kann. Für das Kompetenz-Benefizium des Beamten ist der Gesichtspunkt maßgebend, daß der Beamte sein Amt weiter in angemessener Weise zu verwalten im Stande sein soll. Der Arbeiter kann jenes nähere Verhältniß des Beamten zum Staate für sich nicht geltend machen. Er soll nur vor dem äußersten Verfall geschützt werden; ich kann mich demnach nicht dafür aussprechen, die Bestimmungen über den abzugsfähigen Theil von Beamtenbesoldungen, welche sich ohnehin häufig in kleinlichen Abstufungen ergehen, auf die Beschlagnahme künftiger Löhne anzuwenden.

Es ist vielmehr ein neuer, jener Tendenz — die völlige Nahrungslosigkeit abzuwenden — entsprechender Rechtssatz, welcher in jener Analogie nur einen bequemeren Ausweg sucht. Man hat eingewendet, der Gläubiger habe selbst an der Erhaltung seines Schuldners ein dringendes Interesse und werde dies, wenn man die Beschlagnahme des künftigen Lohnes gestatte, dadurch von freien Stücken wahrnehmen, daß er seinen Antrag auf einen Theil des Lohnes beschränke. Allein die Erfahrung lehrt das Gegentheil. Die meisten oder wenigstens sehr viele Gläubiger, in der Hoffnung, der Arbeiter werde sich anderweit Hülfe schaffen, oder doch unbekümmert um das fernere Schicksal ihres Schuldners, lassen den ganzen Lohn ohne Einschränkung in Beschlag nehmen. Dem Richter eine Offizialthätigkeit zur Herbeiführung sachgemäßer Einschränkungen zuzumuthen, hat seine großen Bedenken. Dieselbe dürfte mit der Stellung, welche der Richter in dem Prozesse der Zukunft einnehmen wird, schwer vereinbar sein. Auch würde dadurch das Schreibwerk in sehr erheblicher Weise vermehrt werden. M. E. kann lediglich die Gesetzgebung helfen, indem sie nur einen Theil des künftigen Lohnes für beschlagfähig erklärt. Der Lohn läßt sich in abstracto mit den Bedürfnissen des Arbeiters vergleichen, zu deren laufender Deckung er bestimmt ist. Nun wird es sich schwer bestreiten lassen, daß jeder Arbeiter im Allgemeinen einen gewissen Abzug erleiden kann, ohne zu Grunde zu gehen. Es besteht kein volkswirthschaftliches Gesetz, nach welchem die Lohnarbeiter im Ganzen und auf die Dauer nicht mehr Lohn empfangen, als der nöthigste Unterhaltsbedarf beträgt.[36]) Jede Wirthschaft ist in der Regel im Stande, sich Einschränkungen aufzuerlegen. Wer Schulden gemacht hat, ohne andere Befriedigungsmittel als seinen künftigen Lohn zur Verfügung stellen zu können, mag auch Entbehrungen leiden. Man würde allen Zweifeln in dieser Richtung aus dem Wege gehen, wenn man, wie in Württemberg und Sondershausen, nach dem Sächsischen und Weimarischen Entwurf, die Ermittelung des abzugsfähigen Theils im Wesentlichen dem richterlichen Ermessen überließe. Hierdurch würde gleichzeitig für eine genügende Berücksichtigung der lokalen und individuellen Verhältnisse in weitem Maße Sorge getragen. Allein auf der anderen Seite kommt in Betracht, daß es dem Richter in den meisten Fällen an Anhaltspunkten für ein solches Ermessen fehlen wird. Er würde also etwa, wie es dem preußischen Richter bei der Gestattung von Zahlungsfristen an Künstler oder Professionisten zur Pflicht gemacht ist (§. 95. Tit. 24. Th. I. A. G. O.), mit Lokal-Behörden in Einvernehmen treten müssen. Hierdurch würde, selbst die volle Unbefangenheit dieser Behörden vorausgesetzt, ein ausgedehntes Schreibwerk veranlaßt, das zu den erzielten Resultaten kaum in richtigem Verhältnisse stände. Ueberdies ist gerade der Mangel einer allgemein erkennbaren, festen abzugsfähigen Quote überaus nachtheilig für den Kredit der Arbeiter.

Diese Nachtheile werden vermieden, wenn ein ein für alle Mal bestimmter Theil des Lohnes für unangreifbar erklärt wird. Der Kredit gewinnt alsdann einen festen Halt, und dies ist von um so größerer Bedeutung, je mehr mit dem Wegfall der Personalschuldhaft die Rücksicht auf reale Unterlagen bei der Eingehung von Schuldverhältnissen für den Gläubiger in den Vordergrund treten wird. Man wird aber nicht bestreiten können, daß durch die Beschlagfähigkeit einer gesetzlich fixirten Lohnquote die Aussicht auf dereinstige Befriedigung gesteigert wird. Nur der Kredit auf den künftigen Lohn in's Ungemessene, ohne bestimmte Grenzen, ist ein ungesunder und gesetzlich nicht zu sanktionirender. Der Kredit dagegen, welcher mit Rücksicht auf den vom Gesetze selbst als (äußersten Falls) entbehrlich bezeichneten Theil des Lohneinkommens gewährt wird, kann dem Lohnarbeiter nicht füglich entzogen werden, wenn man ihm nicht in den meisten Fällen den Kredit überhaupt versagen will. Andrerseits hat auch der Arbeiter mehr ernstlichen Antrieb und Gelegenheit, sich im Voraus auf Abführung der Schuld und

---

[36]) Rau, Lehrbuch der politischen Oekonomie. 8. Ausg. (1868) Bd. 1. S. 272. (gegen Lassalle).

schlimmstenfalls auf den gesetzlichen Abzug einzurichten, wenn er nicht auf Schonung rechnen darf, sondern weiß, daß das Gesetz unerbittlich jenen Abzug gestattet. Es heißt demnach nicht dem Arbeiter den Kredit abschneiden, sondern denselben stärken und aus dem Bereich frivolen Schuldenmachens auf eine solidere Basis erheben, wenn die Gesetzgebung den Lohnarrest auf feste Grundsätze zurückführt. Schwierig ist nun allerdings die Bestimmung des abzugsfähigen Theils für weite Gebiete. Man wird sich im Allgemeinen hüten müssen, denselben zu hoch zu greifen, weil alsdann die Vortheile des Gesetzes verloren gehen müßten, und nur Nachtheile übrig bleiben könnten. Indessen dürfte die in dem Gesetzentwurf von 1861 (von Reide und Genossen) angenommene Quote — ein Viertheil — das richtige Verhältniß getroffen haben. Mit drei Vierteln seines Einkommens wird sich in der Regel ein Jeder im Nothfalle unter entsprechender Herabstimmung aller Ansprüche einzurichten im Stande sein. Hat man nur im Auge, daß dem Schuldner nicht mehr als das Nothwendige zur Fristung des Lebens zu belassen, eine feste Grenze dieses Betrages aber für Gläubiger und Schuldner von erheblichem Vortheil ist, so wird eine solche Normirung nach beiden Richtungen hin nicht als zu hart erscheinen. Allerdings hat eine durchgreifende Regel immer auch ihr Mißliches. Es ist nicht zu verkennen, daß das Maaß des Unentbehrlichen, von lokalen und individuellen Verschiedenheiten abgesehen, für die verschiedenen in Betracht kommenden Arten der Arbeitslöhne keineswegs ein gleiches ist, und dies führt zugleich auf die zweifelhafte innere Ausdehnung des neuen Rechtsatzes (in subjektiver und objektiver Beziehung). Man hat meistens einzelne Kategorieen von Arbeitern herausgehoben und für besonders schutzbedürftig erklärt. So namentlich die Fabrikarbeiter und im Anschluß an diese die Berg- und Hüttenarbeiter. Verschiedene Ansichten sind bezüglich des Gesindes laut geworden. Bald ist gerade für Gesindelohn eine Beschränkung der Beschlagfähigkeit erstrebt; bald hat man für dasselbe ein Bedürfniß der für andere Lohnarbeiter erforderlichen Einschränkungen nicht anerkennen wollen, weil das Gesinde außer Lohn auch Kost und Wohnung von der Herrschaft zu erhalten pflege. Oder man läßt nur bei Privat-Gehalten und Besoldungen, nicht bei anderen Löhnen, eine Beschränkung eintreten. Meines Erachtens sind solche Unterscheidungen nicht gerechtfertigt. Die einzelnen Gattungen der Lohnarbeit fließen heutzutage in einander. Privatbeamter, Hausoffiziant und Gesinde, Handlungs- und Gewerbsgehülfe, Fabrikarbeiter sind schon bezüglich der inneren juristischen Gestaltung des Verhältnisses nicht mehr leicht auseinander zu halten. Nach außen hin aber — in Rücksicht auf ein für Dritte angreifbares Vermögensobjekt — springt die allen gemeinsame Seite des Lohnes in die Augen. Es ist das ganze große Gebiet der Dienstmiethe (ohne Unterschied von operae liberales und illiberales), für welches das gleiche Bedürfniß obwaltet. Wer in ein dauerndes Lohnverhältniß tritt, von dem darf das Gesetz voraussetzen, daß er daraus ein Gewerbe macht, daß er von dem künftigen Lohn seinen Unterhalt zu bestreiten gedenkt und zu bestreiten hat. Oder welcher Unterschied bestände in dieser Beziehung zwischen dem Fabrikarbeiter und den mannichfachen Gruppen und Stufen ländlicher Arbeiter, dem Gesellen und dem Dienstboten, zumal wenn sie einen eigenen Hausstand gegründet haben? Auch jene empfangen oft mancherlei Natural-Bezüge statt oder neben baarem Gelde. Aber beim Gesinde wie beim Gewerbsgehülfen ist der baare Lohn immer kein superfluum, sondern zur Deckung wichtiger Lebensbedürfnisse bestimmt. Mit einem Worte, der Arbeitslohn nimmt im Allgemeinen überall die gleiche juristische und wirthschaftliche Stellung ein. Darum wird das Gesetz nicht fehlgreifen, wenn es, um der bürgerlichen Gesellschaft den Arbeiter, dem staatlichen Gemeinwesen ein leistungsfähiges Mitglied zu erhalten, den künftigen Arbeitslohn schlechthin nur zu einem gleichmäßig bestimmten Theile für beschlagfähig erklärt. Dem Arbeitgeber und Dienstherrn freilich lassen sich keine Vorschriften machen. Er wird in manchen Fällen, um den Unbequemlichkeiten der Abzüge und Theilzahlungen zu entgehen, dem Arbeiter kündigen. Indessen schon jetzt scheuen manche große Gewerbetreibende nicht jene Nachtheile und haben umfassende Fürsorge getroffen, um den von den Gerichten in Folge der Arrestschläge an sie gestellten Anforderungen zu genügen. Steht nun die Grenze des Lohnabzuges gesetzlich fest, so verringert sich die Gefahr einer Verschlechterung der Arbeit. Der Arbeiter behält ein ausreichendes Interesse an Fortsetzung der Arbeit und kann die Zeit, binnen deren die vollständige Tilgung der Schuld aus dem arrestirten Lohne zu erwarten, im Voraus mit Sicherheit übersehen. Dies wird häufiger als bisher den Arbeitgeber bestimmen, den Arbeiter zu behalten, wenn ihn nicht etwa die Thatsache des Schuldenmachens, welche mit dem Lohnarreste Nichts zu schaffen hat, zu abweichendem Entschlusse bestimmt. Es ist fraglich, ob die Arbeitgeber, aus deren Mitte vorzugsweise Stimmen gegen den Lohnarrest laut geworden sind, mit der bloßen Bestimmung einer abzugsfähigen Quote zufriedengestellt sein werden. Indessen, mit der Beschlagnahme des ganzen Lohnes verglichen, ist auch diese Einschränkung für sie ein Vortheil; was darüber hinausgeht, ist Partikular-Interesse, welches die Gesetzgebung zu schützen nicht berufen ist.

Es bleibt noch ein Wort über den Sicherheits-Arrest übrig. Tritt derselbe auch in seiner Bedeutung gerade bei künftigem Lohn hinter dem Exekutionsarrest zurück, so kommen doch häufig genug Fälle vor, in denen es sich darum handeln kann, noch vor rechtskräftiger Feststellung der Forderung dem Schuldner die Verfügung über sein Lohneinkommen zu verkümmern. Gegenstand des Sicherheitsarrestes ist nun im Allgemeinen jedes Vermögensobjekt, welches im Stande ist, dem Gläubiger Sicherheit zu verschaffen,[38]) also auch Forderungen[39]) und wie künftige Sachen, so künftige, resp. noch nicht fällige Forderungen, mithin an sich auch künftiger Lohn. Für die Beschränkungen des Sicherungs-Arrestes in objektiver Beziehung gelten im Allgemeinen die bei den Beschränkungen der Exekution maßgebenden Grundsätze.[40]) Die Betrachtung über die Zulässigkeit eines Arrestmittels ist daher für beide Arten der Beschlagnahme im Allgemeinen die gleiche. Auf die wirthschaftliche Lage des Schuldners aber wirkt der Sicherungs-Arrest nicht anders als der Exekutionsarrest. Was demnach für eine Beschränkung des Lohnarrestes der einen Art angeführt werden kann, wird auch bezüglich der anderen Art geltend zu machen sein.

Wie sich der Bundesrath zu der vorliegenden Frage stellt, ist bisher nicht bekannt geworden. Am nächsten liegt eine Ueberweisung derselben an die Civilprozeßkommission, aus welcher bereits außer dem Gesetze über Aufhebung der Personalschuldhaft das amendirte Genossenschaftsgesetz hervorgegangen ist. Würde dieser Weg betreten, so dürfte eine eingehende Erwägung im Zusammenhang mit dem gesammten Exekutionsrecht der künftigen Civilprozeßordnung gesichert sein. Die vermeintliche Dringlichkeit eines die Frage vorab erledigenden Spezialgesetzes wird sicherlich begründeten Zweifeln unterworfen werden können.

---

[38]) Strey, a. a. O. S. 25.

[39]) Wetzell, §. 30.; Endemann, S. 1050.

[40]) Vgl. Endemann, a. a. O. S. 1051.; Strey, a. a. O, S. 29. (Beamten-Privilegien S. 52 ff., Kunst- und Handwerksgeräth S. 72. u. s. w.).

Nachtrag.

Erst wenige Monate sind seit der Veröffentlichung des vorstehenden Aufsatzes vergangen. In unseren Tagen indessen schreitet die Geschichte schnell. Wie Preußen in großem Style bemüht ist, seine zurückgebliebene Rechtsentwickelung in nationalem und wissenschaftlichem Geiste auf allen Punkten weiter zu führen, so ist die Gesetzgebung des Norddeutschen Bundes wetteifernd thätig, wo es gilt, einem Bedürfnisse der Gegenwart zu genügen, und sucht gleichzeitig durch umfassende Reformen uns jenem großen Ziele, einem wahrhaft gemeinen Deutschen Rechte, näher zu bringen, welches durch die sog. Reception der fremden Rechte niemals erreicht worden war. Beide Richtungen der Bundesgesetzgebung werden durch die Lohnarrestfrage berührt. Auf der einen Seite in das Gebiet der künftigen Norddeutschen Civilprozeßordnung fallend, deren Zustandekommen durch drängendere Aufgaben in immer weitere Ferne gerückt zu werden scheint, ist sie auf der anderen nach Beseitigung der Schuldhaft beinahe zu einem Stück der „socialen Frage" geworden und in helle Tagesbeleuchtung getreten. Meint man nun, der so laut erhobenen Forderung, diese Specialfrage noch vor dem Abschluß der Civilproceßordnung zu erledigen, nachgeben zu können und zu sollen, so wird sich dagegen im Grunde Wenig erinnern lassen. Die rasche gesetzgeberische Praxis des Norddeutschen Bundes scheint sich hier auf's Neue zu bewähren. Seit der Reichstags-Resolution vom 28. Mai 1868 hat sich die Lohnarrestfrage dem Actenschlusse merklich genähert. Für den Juristen, welcher, die bisherige langsame Entwickelung der Frage vor Augen, die Sachlage unbefangen betrachtete, mußte damals der Eindruck einer gewissen Uebereilung, mit welcher der Ausspruch des Reichstages zu Stande gekommen zu sein schien, überwiegen.[41]) Eine Commissionsberathung hatte nicht stattgefunden. Im Plenum waren außer dem Referenten (Lesse), sowie einem zweiten, die geschäftliche Behandlung der Vorlage bemängelnden Abgeordneten (v. Bernuth) nur vier Redner, nämlich der Antragsteller und die Abgg. Dr. Waldeck, v. Blanckenburg und Friedenthal zu Wort gekommen. Von diesen vertrat Dr. Waldeck seinen bekannten radicalen juristischen Standpunkt[42]),

---

[41]) Die Verhandl. des Reichstags s. in den Sten. Berichten der Session 1868, Bd. 1. S. 191, 220—226.

[42]) Siehe oben S. 6. Anm. 1.

welcher bei früheren Erörterungen des Gegenstandes wenig Anklang gefunden hatte. Dieselbe Rechtsansicht accentuirte in noch schärferer Weise, wenngleich ohne weitere Begründung, der Abg. Dr. Friedenthal. Der Abg. v. Blanckenburg beschränkte sich im Wesentlichen auf die bedenkliche Bemerkung, daß eine von entgegengesetzten politischen Parteien vertretene Sache jedenfalls Beifalls würdig sein müsse. Auch der Referent, welcher beim Beginn der Discussion seine Bedenken, ob sich nicht statt des unbedingten Verbots eine Beschränkung der Beschlagnahme empfehle, entwickelt und die ganze Frage für noch nicht vollständig spruchreif erachtet hatte, muß von der im Hause herrschenden Stimmung fortgerissen sein; es wäre sonst kaum erklärlich, wie er nach so kurzer Debatte dazu gelangt ist, sich sachlich einverstanden mit den Gegnern zu erklären und für die beantragte Resolution in ihrer kategorischen Fassung zu stimmen.[43]) Eine solche, die Aufgabe der Bundesgesetzgebung im Voraus in sehr bestimmter Weise einengende Behandlung schien weder der Rechtsentwickelung, noch der Bedeutung der Sache zu entsprechen. Die Reife eines Rechtssatzes, dessen Keimen und Wachsthum (wenn diese der historischen Schule entlehnten, jetzt öfters perhorrescirten Ausdrücke hier gestattet sind) ich so eben einer Vereinigung von Fachgenossen darzulegen bemüht gewesen war, schien mir gefährdet. Ich konnte nicht umhin, den Ausspruch des Reichstages mit einem gewissen Mißvergnügen zu empfangen, und bin der gleichen Stimmung vielfach begegnet. Wie es aber so oft mit politischen Thatsachen zu geschehen pflegt, die Schlacken ihrer Entstehung fallen allmählich ab; das Ereigniß erscheint bedeutender im Lichte der Gegenwart, und es zeigen sich Wirkungen, welche an die berufene „List der Idee" gemahnen. So hat die Reichstags-Resolution das Verdienst gehabt, die Initiative der Bundesregierung hervorzurufen. Was ich am Schlusse meines Aufsatzes als wünschenswerth bezeichnete, ist eingetreten. Die Zulässigkeit des Lohnarrestes und das Bedürfniß eines Bundes-Spezialgesetzes über diesen Gegenstand ist, wie aus Zeitungsnachrichten bereits bekannt ist, Seitens des Bundes-Kanzleramts der Bundes-Civilproceß-Commission unterbreitet, und es haben in der letzteren bereits Berathungen stattgefunden, welche wenigstens zu einer Feststellung des Grundsatzes geführt haben. Muthmaßlich wird schon dem nächsten Reichstage eine entsprechende Vorlage gemacht werden. Wir wollen hoffen, daß derselbe sich sachlich nicht durch die gefaßte Resolution beschränkt finden möge. Ist eine solche doch im Grunde nicht Mehr, als ein Interlocut ohne bindende Kraft, welches auf Grund besserer Information ohne Bedenken aufgegeben werden kann. Keinenfalls

[43]) St. Ber. S. 226.

wird sich die Vertretung der Bundes-Bevölkerung der Beachtung der seit ihrer Resolution lebhafter als je entbrannten öffentlichen Discussion über die Lohnarrestfrage entziehen können. Auch das ist ja ein unleugbares Verdienst jener vorläufigen Kundgebung, daß gegenwärtig alle betheiligten Lebenskreise über die schwebende Frage sich aufzuklären und eine Meinung zu gewinnen streben. Freilich, wenn sich zahlreiche Handwerker- oder „Arbeiter"- und Bezirksvereine auf Grund von Vorträgen irgend eines „Arbeiterfreundes" „einstimmig" für das unbedingte Verbot ausgesprochen haben, so wird es Niemand verargt werden können, wenn er die Bedeutung dieser Resolutionen nicht eben hoch veranschlagt. Für den Juristen haben selbstverständlich die Aeußerungen von Fachgenossen, soweit dieselben von eingehender und vorurtheilsfreier Erwägung unterstützt werden, besonderen Werth. Unter diesen Aeußerungen nehmen die des Juristentages eine ganz specifische Stellung ein. Die Erfahrung hat gelehrt, daß diese Vereinigung, so schwankend die Zahl der an den Wanderversammlungen wirklich Theil nehmenden Mitglieder und so zweifelhaft deren Legitimation im Einzelnen immer sein mag, abgesehen von einzelnen Abirrungen, im Ganzen mit richtigem Instinct (sit venia verbo!) das in der Luft der Gegenwart Liegende, dem Bedürfniß der Zeit Entsprechende getroffen und für die spätere Gesetzgebung vielfach das rechte Ziel angegeben hat. Ueber „juristischen Nonsens" hat sich eine große Majorität unabhängiger Juristen noch niemals vereinigt. Eine kurze Uebersicht über die einschlagenden Verhandlungen des letzten (7.) Juristentages wird daher nicht ohne Interesse sein.

Von den Seitens der ständigen Deputation eingeholten Gutachten hatte sich, wie bereits erwähnt, das meinige[44]) für den Grundsatz ausgesprochen, die künftigen Arbeits- und Dienstlöhne, Privatbesoldungen und Gehalte jeder Art nur zu einem Viertel ihres Betrages der Beschlagnahme im Wege des Arrestprocesses oder der Execution zu unterwerfen. Das andere Gutachten (des Rechtsconsulenten Dr. Adolf Otto zu Heilbronn)[45]) erklärte sich zwar gleichfalls für die juristische Zuläßigkeit der Beschlagnahme künftiger Löhne, welche von „jeder anderen künftig erst fällig werdenden Forderung" nicht unterschieden seien. Dagegen wollte der Verfasser ein unproductives freiwilliges Creditgeben auf den künftigen Lohn möglichst verhindern, indem er — vorbehaltlich einer besonderen Regelung der gesetzlichen Verpflichtungen und der Verhältnisse der öffentlichen Beamten, sowie etwaiger Ausnahmen für Privatbedienstete, die auf längere Dauer oder lebenslang

[44]) Verh. des 7ten Deutschen Juristentages. Bd. I. (Berlin, 1868. Commiss.-Verlag von J. Guttentag). S. 100—122.

[45]) Daselbst S. 182—187.

angestellt sind — als Voraussetzungen für das staatliche „Einschreiten gegen Löhne" zu Gunsten eines Gläubigers, seien es schon verfallene oder künftig zu verdienende, forderte, daß beim Eingehen des Creditgeschäfts eine schriftliche Anweisung auf den Lohn und vom Arbeitgeber die Zusage ertheilt worden sei, diese Anweisung seiner Zeit zu vollziehen.

Eine kurz nach der Veröffentlichung dieser Gutachten erschienene, auch dem Juristentage eingereichte Schrift von Dr. Hopf [46]) entwickelt zunächst in Uebereinstimmung mit jenen, daß vom Rechtsstandpunkte aus „eine Lohnforderung, wie jede andere, ohne Unterschied des Präteritums oder Futurums von dem Gläubiger des Arbeiters als Befriedigungs- oder Sicherungsmittel angegriffen werden kann." Sodann erklärt sich der Verf. vom Standpunkte des Gefühls, der Sittlichkeit, der Volkswirthschaft und der Social-Wissenschaft überhaupt dafür, „der zwangsweisen Schmälerung des Arbeitsverdienstes eine gesetzliche Schranke anzuweisen." Diese Schranke aber bestehe nicht darin, die Beschlagnahme ganz zu versagen, was das Recht des Gläubigers verletzen und den Credit des Arbeiters zerstören würde. Es bleibe vielmehr nur eine Theilung zwischen beiden übrig. Wie beim öffentlichen Dienst ein Theil des Gehalts frei bleiben müsse, so sei auch dem Arbeiter eine ausreichende Competenz zu belassen, welche wegen der Verschiedenheit der concreten Verhältnisse durch richterliches arbitrium nach vorangegangener causae cognitio zu bemessen sei. — In einem Schlußwort wendet sich der Verfasser zu den obenerwähnten beiden Gutachten und bekämpft zunächst das von Dr. Otto vorgeschlagene Auskunftsmittel, welches er für unpraktisch und nicht acceptabel erachtet. Juristisch betrachtet, sei dasselbe übrigens mit der gänzlichen Beseitigung des Lohnarrestes gleichbedeutend. Mit meinem Gutachten findet sich Dr. Hopf nur insofern in Differenz, als er die gesetzliche Fixirung der abzugsfähigen Quote nicht für gerechtfertigt hält, obschon die dafür angeführten Gründe „manches Wahre enthalten". Auch will er, wenigstens bei Zahlungsverzug des Arbeitgebers den bereits verdienten und fälligen Lohn ebenfalls der Beschränkung unterwerfen.

Beim Juristentage zu Hamburg wurde zunächst in der Sitzung der vereinigten ersten und zweiten Abtheilung vom 28. August 1868 über die Lohnarrestfrage berathen.[47]) Der Referent

---

[46]) „Die Verkümmerung der Arbeits- und Dienstlöhne" von Dr. Julius Hopf, Amtsassessor in Gotha. (1868. Gotha. Rud. Besser.) 40 Seiten.

[47]) Ich bemerke, daß ich den Verhandlungen des Juristentages nicht beigewohnt und für diese Darstellung die mir Seitens des Schriftführeramts gütigst anvertrauten, erst zum Theil gedruckten Aufzeichnungen benutzt habe. Die Abtheilungsdebatte s. in den Verh. Bd. II. S. 81. ff.

(Ober-Appellationsgerichtsrath Becker aus Oldenburg) und alle folgenden Redner waren über die juristische Zulässigkeit der Beschlagnahme künftiger Löhne einverstanden, sprachen sich jedoch ebenso einstimmig für das Bedürfniß einer gesetzlichen Einschränkung der Gläubigerrechte in dieser Beziehung aus. Dagegen traten bezüglich der Art dieser Einschränkung fast ebensoviel Meinungen als Redner auf. Der Referent empfahl in seinem einleitenden Vortrage folgende Sätze:

1. Soweit der Arbeitslohn, verdienter und noch unverdienter, zum nothdürftigen Lebensunterhalte des Arbeiters und seiner von ihm zu ernährenden Familie erforderlich ist, hat der Gesetzgeber nicht blos jede Beschlagnahme der Lohnforderung im Wege des Arrestprozesses oder der gerichtlichen administrativen Execution, sondern auch jede Veräußerung der Lohnforderung zu untersagen.
2. Soweit noch unverdienter Arbeitslohn nicht zu des Arbeiters und seiner Familie nothdürftigem Lebensunterhalte erforderlich ist, hat der Gesetzgeber eine Beschlagnahme der Lohnforderung im Wege des Arrestprozesses oder der gerichtlichen und administrativen Execution nur zu gestatten:
   a. bei lebenslänglich mit Pensionsberechtigung Angestellten in Betreff einer bestimmten Quote des Gehaltes,

      bei andern Arbeitern:
   b. für Schulden, zu deren Abtragung der Gläubiger keinen Credit gegeben hat, und
   c. für Schulden, zu deren Abtragung der Gläubiger Credit gegeben hat, wenn der Arbeiter die Lohnforderung veräußert hat.

Eventuell, falls der Vorschlag zu detaillirt erscheine, beantragte er, zu beschließen:

> Der Gesetzgeber hat eine Beschlagnahme der Forderung noch unverdienten Arbeitslohnes im Wege des Arrestprozesses oder der Execution nur zu gestatten für nicht vertragsmäßige Schulden und auch für diese nur, soweit solcher Arbeitslohn nicht zu dem nothdürftigen Unterhalt des Arbeiters und seiner von ihm zu ernährenden Familie erforderlich ist,

und hielt diesen Antrag in seinem Schlußvortrage aufrecht.

Der folgende Redner war Dr. Hopf, welcher im Wesentlichen die bereits in seiner oben erwähnten Schrift niedergelegten Ansichten vertrat und, indem er das Votum des Reichstages als ein übereiltes bezeichnete, mit dem Antrage schloß:

Die Abtheilung wolle aussprechen:

1) Die Beschlagnahme noch nicht verdienter Arbeitslöhne auf Grund eines bestehenden Arbeitsvertrages ist juristisch unbedenklich.

2) Die Gesetzgebungspolitik gebietet jedoch, diese Beschlagnahme auf dasjenige [im einzelnen Falle durch eine causae cognitio zu ermittelnde und durch das richterliche Arbitrium festzustellende] Maß zu beschränken, welches zum Unterhalt des Schuldners und der auf ihn angewiesenen Personen nicht schlechterdings unentbehrlich erscheint.

Dr. Otto, sein Gutachten theilweise verlassend, bezeugte demnächst seine Uebereinstimmung mit dem Referenten, bekämpfte den Vorschlag von Dr. Hopf, dessen Durchführung in Württemberg durchaus unbefriedigende Resultate ergeben habe, und erachtete die Lösung der Frage im Sinne des Reichstages für die richtige, jedoch vorbehaltlich besonderer Bestimmungen für nicht vertragsmäßige Verbindlichkeiten und der Regelung einer freiwilligen Abtretung von Arbeitslöhnen.

Advocat Dr. Embden (aus Hamburg) gelangte, gestützt auf das angebliche volkswirthschaftliche Gesetz, daß der Lohn den Durchschnittsbedarf einer Arbeiterfamilie nicht übersteige, zu der Ansicht, daß die Beschlagnahme von Arbeitslohn überhaupt verwerflich sei, modificirte dieselbe aber sogleich dahin, daß sich ein derartiges Ausnahmegesetz, und zwar im Sinne einer absoluten Unzulässigkeit der Beschlagnahme, nur für die Löhne von Handarbeitern empfehle.

Einfach für die Belassung einer Competenz erklärte sich Rechtsanwalt Lipke (aus Danzig) mit dem Antrage:

„Der Juristentag wolle aussprechen: Im Wege der Gesetzgebung Arrest auf künftig zu verdienendes Arbeits- oder Dienstlohn zu verbieten, ist nicht gerechtfertigt; wohl aber ist bei Beschlagnahme von Arbeits- und Dienstlohn das Recht auf die Belassung einer Competenz dem Schuldner einzuräumen."

Die Bestimmung einer gesetzlichen Quote hielt er nicht für zulässig, verwies vielmehr auf richterliche Würdigung der concreten Verhältnisse.

Bei der Abstimmung wurden der Antrag von Embden (welchen derselbe dahin formulirt hatte: „Die Beschlagnahme von Arbeitslöhnen der Handarbeiter ist unzulässig") und der in meinem Gutachten empfohlene Grundsatz abgelehnt, der Antrag von Lipke dagegen (mit 42 gegen 30 Stimmen) angenommen, womit die Anträge von Hopf und Becker als erledigt angesehen wurden.

In der Plenar-Versammlung, welcher der Beschluß der Abtheilung auf Antrag Otto's zur Abstimmung vorgelegt wurde, referirte Rechtsanwalt Lipke im Sinne der Majorität unter Bekämpfung der Gegenanträge. Insonderheit erklärte er sich sowohl gegen die richterliche causae cognitio, als gegen die gesetzliche Bestimmung einer abzugsfreien Quote. Man möge abwarten, ob der Arbeiter die Competenz beanspruche, und deren Bestimmung der gewöhnlich für Competenzbewilligungen zuständigen Behörde überlassen. — Gegen diese letztgedachte Meinung wandte sich Hopf. Er hielt es für unerläßlich, daß der Juristentag sich auch darüber äußere, wie die Competenz festzustellen sei, und empfahl wiederum, das Maß des Lohnabzuges im einzelnen Falle dem richterlichen Ermessen nach vorangegangener Untersuchung zu unterwerfen. — Ein neuer Redner, Privatdocent Dr. Hilse (aus Göttingen), war der Meinung, daß nur ein unbedingtes Verbot wirksam sei, da in den meisten Fällen die Arbeiter in Folge von Lohnbeschlagnahmen aus ihrem Arbeitsverhältniß entlassen würden, und beantragte, zu beschließen:

„Die Gesetzgebung hat Arrest auf künftig zu verdienenden Lohn nicht zu gestatten."

Ober-Appellationsgerichtsrath Becker, von einem „erweiterten Begriff der persönlichen Freiheit des Menschen" und einer Untersuchung des wahren Creditbedürfnisses des Arbeiters ausgehend, welche ihn dahin führte, den nur mit Rücksicht auf künftigen Lohnarrest gewährten Credit als einen ungesunden und verwerflichen zu bezeichnen, beantragte, zu beschließen:

„Die Gesetzgebung hat eine Beschlagnahme der Forderung auf zukünftigen Arbeitslohn nur zu gestatten für nicht vertragsmäßige Schulden und auch für diese nur, soweit der Lohn nicht zum nothwendigen Lebensunterhalt des Arbeiters und seiner Familie erforderlich ist."

Referent Lipke bekämpfte in seinem Schlußvortrage die Ausführungen von Hopf und Becker, indem er namentlich die Creditbedürftigkeit des Arbeiters betonte, und rechtfertigte den Abtheilungs-Antrag.

Letzterer wurde hierauf unter Ablehnung aller übrigen Anträge (von Hilse, Becker und Hopf) zum Plenarbeschlusse erhoben.

Es ist also nicht ein unbedingtes Verbot, sondern nur eine Beschränkung des Lohnarrestes auf das Maß des zum Leben Entbehrlichen, wofür sich Abtheilung und Plenum des Deutschen Juristentages ausgesprochen haben. Die Ansicht, daß nach allgemeinen, aus dem Wesen der Obligation und der Execution, resp. des Arrestes entnommenen Gründen die Beschlagnahme künftiger Löhne unzulässig sei, hat nirgends Unterstützung gefunden. Nur um sie zu widerlegen, hat man die Argumente Waldeck's [48]) erwähnt, daß der Gläubiger sich

[48]) Sten. Ber. des Reichstages, S. 223. Welche Bewandtniß es mit der von Waldeck für seine Ansicht geltend gemachten Obertribunalspraxis hat, darüber siehe Note 3. Die Erkenntnisse von 1847 und 1852 handeln eben nur von Tagearbeitern.

unbefugter Weise in das obligatorische Verhältniß zwischen dem Exequenden und dessen Gläubiger dränge — was auf jede Beschlagnahme einer Forderung passen würde — und daß die Beschlagnahme keinen Gegenstand habe — wobei die obligatorische Bedeutung des Arbeitsvertrages ignorirt wird. Selbst ökonomisch betrachtet, hat ja der Abschluß eines Arbeitsvertrages schon einen gewissen Werth für den Arbeiter, weil ihm dadurch die Gelegenheit zur Verwerthung seiner Arbeitskraft gesichert ist. Für die juristische Betrachtung aber ist entscheidend, daß der Wille des Arbeitgebers durch den Vertrag gebunden ist, daß der Arbeiter auf Grund des Vertrages ein Recht hat, den bedungenen Lohn nach erfolgter Vorleistung zu empfangen. Ich habe deshalb kein Bedenken, daß selbst der Lohn des nur auf einen Tag angenommenen Arbeiters vor Ablauf dieses Tages arrestfähig ist, wenn anders die Gerichtseinrichtungen es gestatten, die Arrestanlage in so kurzer Zeit auszuführen. Wie ein Unterschied zwischen lebenslänglich angestellten und den nur auf kürzere Zeit angenommenen Arbeitern juristisch begründet sein soll [49]), ist nicht erfindlich. Geht man davon aus, daß erst nach geleisteter Arbeit ein der Execution unterworfenes Vermögensrecht vorhanden ist, so paßt dies ebenso auf die durch Contract auf Lebenszeit verpflichteten und berechtigten Arbeiter, als auf die, welchen etwa ein zehnjähriger, einjähriger oder noch kürzerer Arbeitscontract zur Seite steht. Die Schwierigkeit liegt lediglich in denjenigen Arbeitsverhältnissen, welche nicht auf eine im Voraus bestimmte Zeit eingegangen sind, und diese bilden gerade die Regel. Hier fragt sich: Wie weit wirkt die Arrestanlage? Unterliegt ihr auch der auf die verlängerte Dauer des Arbeitsverhältnisses entfallende Lohn, während doch die durch die Verlängerung begründete Verpflichtung juristisch als aus einem neuen Vertrage entspringend anzusehen ist? Diese Schwierigkeit ist auf dem Juristentage nicht näher in's Auge gefaßt. Gerade sie aber bedarf vorzugsweise der gesetzlichen Lösung. Freilich, wenn gesetzlich oder vertragsmäßig eine bestimmte Kündigungszeit festgesetzt ist, so dauert das ursprüngliche Verhältniß so lange fort, als nicht eine Kündigung erfolgt ist, und sobald diese erfolgt ist, bis zum Ende der Frist. [50]) Ob die Kündigungsfrist nur 14 Tage [51]) oder mehr beträgt, ist für die rechtliche Beurtheilung gleichgültig. Der durch Kündigung bestimmte Endtermin steht dem vertragsmäßig von vornherein festgesetzten völlig gleich. Diesen Fällen nähern sich diejenigen, in welchen zwar ein Endtermin festgesetzt, dessen

[49]) So Waldeck a. a. O.

[50]) Puchta Pand. §. 369. Keller S. 639. Förster, Pr. Priv.-R. II. S. 194.

[51]) Vgl. oben S. 6. 7. und Waldeck S. 222.

Wirkung aber dahin eingeschränkt ist, daß das Arbeitsverhältniß von beiden Seiten oder nur von einer Seite (z. B. der des Arbeitgebers) noch vor dessen Eintritt beliebig gelöst werden darf. Hier besteht kein juristischer Unterschied. Nur das Risico ist größer, weil sogleich nach der Beschlagnahme das Verhältniß aufgelöst werden kann. Wird aber nicht gekündigt, so wirkt die Beschlagnahme bis zum Eintritt des Endtermins. Auch die Bezahlung des Arbeiters nach dem Stück („in Accord") kann keinen Unterschied begründen[52]; die obligatorische Wirkung des Arbeitsvertrages wird durch diese Art der Preisbestimmung nicht gemindert. Die hierher gehörigen Fälle liegen auf der Grenze der Werkverdingung, bei welcher die Arbeit mit vorherrschender Rücksicht auf ihr Ziel und Product als Gegenstand des Miethsvertrages auftritt. Daß hier der redemtor operis bereits vor der Ausführung und Ablieferung des Opus ein greifbares Forderungsrecht hat, das nur in der den zweiseitigen Contracten eigenthümlichen Weise an diese Gegenleistung gebunden ist, wird schwerlich zu bezweifeln sein.

Die eigentlichen Bedenken entstehen nur für diejenigen Verhältnisse, wo die Gebundenheit des Willens nach sehr kurzer Zeit und vermuthlich noch vor der möglichen Ausführung der Arrestanlage aufhört, und zur Fortsetzung des Arbeitsverhältnisses eine neue Willenseinigung (Verlängerung) erforderlich ist. Es ist dies das Gebiet der nur thatsächlich dauernden Arbeitsverhältnisse, bei denen der Gläubiger von der auf die bisherige Erfahrung, resp. Wahrscheinlichkeit gestützten Annahme ausgeht, daß der Arbeiter in seinem Verhältniß verbleiben werde. Die Zahl dieser Verhältnisse ist, wenigstens in Preußen, nicht allzu groß, weil für eine ganze Reihe von Dienstverhältnissen gesetzliche Kündigungsfristen bestehen (s. oben S. 6. 7.) Indessen, wenn auch nur die eigentlichen Tagelöhner, „gemeine Handarbeiter", welche alle Tage entlassen werden können, in Betracht kämen[53], so würde dadurch immer ein recht bedeutender Bruchtheil der Gesammtbevölkerung betroffen werden[54]. Wäre man nun genöthigt, nicht nur für den Beginn des Lohnarrestes ein zur Zeit der Arrestanlage bereits juristisch vollendetes Arbeitsverhältniß vorauszusetzen, sondern auch die

---

[52]) Vgl. Hopf, S. 13.

[53]) A. L. R. I., §. 905, 906. Ob hier eine Befugniß zur Kündigung nach Ablauf jeden Tages oder ein einfacher Endtermin gemeint ist, ist nicht ganz klar (vgl. Koch, Pr. Priv.-R. II. §. 706, Förster II. S. 267, v. Daniels, Pr. Civil-R., II., S. 154).

[54]) Vergl. Jahrbücher der amtl. Statistik des Preuß. Staates, II. Jahrgang. Berlin, 1867. S. 231 ff.

Wirkung des Arrestes streng auf die juristische Dauer eines solchen Verhältnisses zu beschränken, so würde der Lohnarrest für den Gläubiger kein genügendes Interesse mehr haben. Es würde dann in den meisten Fällen nur der Lohn eines Tages, oder wenn sich der Lohnsatz nach längeren Zeitabschnitten bestimmt, der des ersten Abschnitts (in welchen die Arrestanlage fällt) von dem Arreste ergriffen werden. Indessen steht meines Erachtens juristisch kein zwingender Grund entgegen, die Wirkung des Arrestes weiter auf das Gebiet der Verlängerung des Verhältnisses auszudehnen. Es ist nicht abzusehen, warum die Arrestanlage nicht im Stande sein soll, an thatsächliche Elemente eines juristisch noch unvollendeten Vermögensrechts anzuknüpfen und dem Gläubiger unter der Voraussetzung die Befriedigung zu sichern, daß dasselbe vollständig zur Entstehung gelangt. Das Wesen des Arrestes ist ja gerade nur die Sicherung mittelst Einschränkung der Verfügungsbefugniß, nicht die sofortige Befriedigung. Zweifelt doch Niemand, daß künftige Sachen, also auch Forderungen verpfändet werden können [55]). Freilich muß es sich hier um ein individuell bestimmtes, im Keime bereits vorhandenes Vermögensrecht handeln, dessen Entstehung, wie das Allg. Landrecht bei der emtio rei speratae sich ausdrückt (I., 11, §. 529), nach dem gewöhnlichen Laufe der Natur oder der Geschäfte erwartet werden kann. Es wäre zwar an sich nicht rechtlich unmöglich, ganz auf's Ungewisse hin alles Vermögen, welches der Schuldner etwa binnen einer gewissen Zeit erwerben würde, in Beschlag zu nehmen. Die Preußische Concurs-Ordnung vom 8. Mai 1855 ist ja bekanntlich soweit gegangen, den Concurs, welcher nichts ist, als eine Generalexecution, auch auf das während der Dauer desselben erlangte Vermögen des Gemeinschuldners auszudehnen. Allein, wenn diese Ausdehnung, wie ich neuerdings zu zeigen gesucht habe [56]), schon für den Concurs ihre erheblichen Bedenken hat, so kann von derselben bei der Special-Execution keine Rede sein, weil mit derselben ein General-Arrest niemals verbunden ist. Ein solcher wäre Nichts, als das Abverdienen des §. 142 I, 24. d. Pr. Allg. Ord., ein Executionsmittel, welches mit der Beseitigung des Personalarrestes vollends allen Boden verloren hat. Dem Singular-Arrest, d. h. dem gegen eine bestimmte Person und auf ein bestimmtes Vermögensrecht gerichteten Arrest, dagegen die Ausdehnung auf künftige For-

[55]) A. L. R. I., 20, §§. 113—115. Förster III. S. 374. v. Holzschuher, Theorie und Casuistik, 2. Ausg., II., S. 441 ff.

[56]) In meiner Schrift „Zur Reform des Preußischen Concursrechts". Berlin 1868 (J. Guttentag) S. 14 ff. Die Gewährung eines Competenz-Anspruchs (§. 162. Conc.-Ordn.) ist hier unzureichend.

derungen abzusprechen, enthält eine petitio principii. Was die Wirkung gegen den Schuldner (Exequenden) anlangt, so geschieht durch den Arrest im Wege der Execution nichts, was nicht auch durch freiwillige Verfügung des Schuldners geschehen könnte, nur daß diese Verfügung durch richterlichen Act ersetzt wird. Warum soll aber das inhibitorium an den Schuldner des Exequenden nicht ebensoweit reichen, als die den letzteren bindende Verfügung? Es handelt sich ja hier nicht um den Vorzug eines dritten, vielleicht gutgläubigen Erwerbers, sondern nur darum, ob der Richter den Schuldner des Exequenden ebenso zur Zahlung an einen Dritten verpflichten kann, als der Exequende dazu im Stande sein würde. M. E. besteht kein genügender Grund, diese Frage zu verneinen. Immer fragt es sich lediglich, ob das zu arrestirende Vermögensrecht bereits thatsächlich im Keime vorhanden ist. Und dies Erforderniß wird m. E. hinreichend gedeckt, wenn ein Arbeitsvertrag (obschon vielleicht nur auf einen Tag) geschlossen ist, dessen Verlängerung nach der Natur des betreffenden Verhältnisses zu erwarten steht.

Die rein juristischen Gründe also werden schwerlich vermögen, Etwas gegen den Lohnarrest auszurichten, und nicht einmal die Ausscheidung der Verhältnisse von nur thatsächlicher Dauer als nothwendig darthun können. Eine ganz andere Frage ist die, ob bei einer gesetzlichen Regelung dieser Materie alle derartigen Verhältnisse der Lohnbeschlagnahme zu unterwerfen sind, oder ob es sich vielleicht empfiehlt, eine gewisse Grenze zu ziehen. Indessen führt uns dies bereits auf ein anderes Gebiet.

Den Hauptstützpunkt des unbedingten Verbots der Lohnbeschlagnahme bilden offenbar höhere gesetzgebungspolitische Erwägungen, welche mit der reinen ratio iuris nichts zu thun haben. Man mag dagegen protestiren — wie dies auf dem Juristentage geschehen ist — dieselben aus dem Gebiete der Jurisprudenz — diesem „Niederschlage des gesunden Menschenverstandes in Dingen des Rechts“ [57]) — zu verbannen, und dieselben jener aequitas vindiciren, aus welcher nach Puchta's Lehre[58]) die Singular-Rechte hervorgehen. Jedenfalls ist es etwas Anderes, einen Grundsatz als einen nothwendigen aus allgemeinen Rechtsprincipien logisch entwickeln oder denselben als einen den Bedürfnissen des Rechtslebens, insonderheit des zu regelnden speciellen Verhältnisses angemessenen nachweisen und der Gesetzgebung zur Anerkennung empfehlen. Jenes ist eben der Standpunkt des demon-

---

[57]) Ihering, Geist des Röm. Rechts II, 2. 2te Aufl. (1869) S. 303.
[58]) Instit. I. §. 31. Vgl. auch v. Savigny, System I. S. 55, 56.

strirenden Juristen, dieser der des juristisch gebildeten Gesetzgebungs-Politikers. M. E. kann es nicht zweifelhaft sein, daß der „erweiterte Begriff der persönlichen Freiheit des Menschen“ mehr der zweiten als der ersten Kategorie angehört. Daß von einer der Schuldhaft analogen Freiheitsbeschränkung nicht die Rede sein könne, habe ich bereits oben (S. 14) ausgeführt. Jener Argumentation liegt indessen ein ganz anderer Begriff der persönlichen Freiheit zu Grunde als der, von welchem aus die Abschaffung der Schuldhaft gefordert und durchgesetzt worden ist. „Nur der Mensch ist wahrhaft frei“ — sagt O.-A.-G.-R. Becker — „dessen zukünftige wirthschaftliche Thätigkeit ungebunden ist.“ Wir fürchten, daß, nach diesem Maßstabe gemessen, sich die wahre Freiheit bei **keinem** Mitgliede unserer bürgerlichen Gesellschaft mehr antreffen lassen möchte. Jeder, der Schulden (im engeren Sinne) hat, ja Jeder, der sich in die Zukunft hinaus zu entgeltlichen oder unentgeltlichen Leistungen verbindlich gemacht hat, wäre danach unfrei. Die „erweiterte persönliche Freiheit“ beweist zuviel und mithin gar nichts. — Anscheinend von erheblicherem Gewicht und jedenfalls in viel näherer Beziehung zur vorliegenden Frage sind diejenigen Gründe, welche aus der speciellen Lage des **Arbeiters** hergenommen werden. Hier begegnet sich die Argumentation der Vertheidiger des unbedingten Verbots zunächst mit den Anhängern einer bloßen **Beschränkung**. Wir sind **einig**, daß die Humanität, die Rücksicht auf die Erhaltung des Arbeiters für sich, für seine Familie, für die Gesellschaft und den Staat die Beschlagnahme des **vollen** künftigen Lohnes verbieten. Die Meinungen trennen sich erst dann, wenn es sich um Bestimmung des Maßes handelt, in welchem jene Rücksichten eine Beschränkung der Gläubigerrechte gebieten. Der **Credit**, welchen wir dem Arbeiter erhalten und stärken wollen, indem wir dem Gläubiger die Aussicht auf Befriedigung aus dem künftigen Lohne nicht völlig abschneiden, sondern — wie wir meinen — sogar **verstärken**, wird von der anderen Seite als ein ungesunder und verwerflicher bezeichnet. Allein die Anhänger dieser Meinung[59]) vergessen, daß sie hiermit den Standpunkt des bevormundenden Staats einnehmen, den man soeben erst mit Beseitigung der Wuchergesetze verlassen hat. Die Voraussetzung, daß der mit Hilfe einer (stillschweigenden) Anweisung des künftigen Arbeitslohns gesuchte Credit ein dem Arbeiter entbehrlicher, ja schädlicher sei, ist auch keineswegs zutreffend. Arbeitsstockung, Krankheit, unvorhergesehene Zufälle jeder Art, ja die Natur mancher Arbeitszweige, welche intermittirenden Charakter haben oder einen gewissen Verlag erfordern,

---

[59]) Waldeck, Schulze, Becker u. A.

können den Arbeiter dahin drängen, Credit zur Beschaffung unentbehrlicher Existenzmittel in Anspruch zu nehmen. Ihn — mit dem verdienstvollen Anwalt der Genossenschaften — auf den genossenschaftlichen Credit zu verweisen, scheint uns etwas utopisch. Es fehlen bei uns zu häufig noch die Bedingungen zur erfolgreichen Bildung von Genossenschaften, subjectiv die erforderliche Energie, der Gemeingeist, der wirthschaftliche Scharfblick, objectiv die günstigen örtlichen und geschäftlichen Verhältnisse — abgesehen davon, daß dem ganz mittellosen, vielleicht bereits bedrängten Arbeiter der Eintritt in eine günstig situirte Genossenschaft nicht überall leicht gemacht wird. Vielleicht wird erst eine wirthschaftliche Krise das Vertrauen in die Genossenschaften, deren erfreuliches Wachsthum uns nicht entgangen ist,[60]) stärken müssen, ehe man dieselben als ein allgemein verfügbares Creditmittel des Arbeiterstandes behandeln darf. Vorläufig bleibt dem Arbeiter im Allgemeinen Nichts übrig, als Credit zu suchen auf das Vertrauen hin, welches man seiner Persönlichkeit zu schenken geneigt ist, und auf diejenige Sicherheit, welche sein der Execution unterworfenes Vermögen darbietet. Welches andere Vermögen aber hat der gewöhnliche Arbeiter, als seine Arbeitskraft? Das Mobiliar ist in der Regel gering. Die Entziehung desselben ist nach dem geltenden humanen Exekutionsrecht theils unmöglich, theils empfindlicher, als eine Verkürzung des Arbeitslohnes. Es liegt sehr nahe, den Gläubiger auf dieses letztere Befriedigungsmittel zu verweisen. Gerade die überaus große Häufigkeit der Lohnarreste beweist, daß sie ein Bedürfniß des Arbeiterstandes treffen. Die Vorstellung von einem bloßen „äußeren Schreckmittel", welches dem Gläubiger zu Gebote gestellt werde, ist in der Natur der Sache nicht begründet. Es ist zwar ein weiteres selbstständiges Angriffsmittel gegen die bloße Beschränkung des Lohnarrestes, indem man behauptet, daß der Arbeitslohn nur eben zur Befriedigung der nothwendigsten Bedürfnisse hinreiche. Diese Ansicht, auf vermeintliche volkswirthschaftliche Autoritäten gestützt, ist, wie man sich erinnern wolle, auch auf dem Juristentage vertreten worden (s. oben S. 29). Daß dieselbe keineswegs allgemein richtig ist, liegt auf der Hand und wird von ihren Vertretern nicht geleugnet. Sie sieht sich deshalb sofort zu Unterscheidungen gedrängt. So will Dr. Embden das Verbot des Lohnarrestes nur auf „Handarbeiter" beschränken. Andere ziehen wenigstens noch Gewerbsgehülfen und Dienstboten hinzu. Allein schon im Bayerischen

[60]) Vgl. meine den schließlich erfolgreichen Versuchen, zu einem ius certum für die Genossenschaften zu gelangen, gewidmeten Arbeiten bei Busch Archiv für H.-R. Bd. 5. S. 46 ff., 60 ff., 8. S. 350 ff., 10. S. 1 ff., 295 ff., 11. S. 405 ff. und in der Deutschen Ger.-Ztg. Nr. 19 de 1866 2c.

Gesetzgebungsausschusse ist in Betreff der „Gewerbsgehilfen" erinnert, daß darunter eine „Reihe von Leuten begriffen werden könnten, deren Einkommen verhältnißmäßig groß sei." Auch die „Fabrikarbeiter" wollte derselbe Abgeordnete (Wiedenhofer) nicht gänzlich freilassen; dagegen hielt er dies bezüglich der „Gesellen oder Handwerker" für zulässig.[61]) Gerade die dortigen Debatten zeigen am besten die Mißlichkeit einer Unterscheidung der verschiedenen Kategorieen von Arbeitern, zu welcher man vom Standpunkte jener volkswirthschaftlichen Theorie aus genöthigt wird. Diese Theorie ist, weil sich eine irgendwie objectiv greifbare Beschränkung derselben nicht auffinden läßt, überhaupt nicht richtig. Nicht bloß bei den Staatsbeamten ist die Gesetzgebung bisher, ohne Anstand zu finden, davon ausgegangen, daß ein Theil des, wenngleich nicht an bestimmte einzelne Arbeiten gebundenen, doch immer als Entgelt für die Leistungen des Beamten im Ganzen gedachten Gehalts im Nothfalle entbehrt werden könne und müsse. Nach den Grundsätzen der Volkswirthschaftslehre ist im Allgemeinen zu behaupten, daß der Arbeitslohn, welcher sich in ähnlicher Weise, wie der Preis der Güter aus dem Werthe, den Kosten und der Concurrenz zusammensetzt, gewöhnlich über dem untersten Satze steht.[62]) Dieser unterste Satz wird durch den Unterhaltsbedarf des Arbeiters und seiner Angehörigen bestimmt. Der Unterhaltsbedarf ist aber selbst eine sehr variable Größe, ohne daß das Lohneinkommen immer ihren Schwankungen folgt. Wie der Arbeiter eine vorübergehende Theuerung der Lebensmittel ohne entsprechende Lohnerhöhung aushalten kann[63]), so wird er im Allgemeinen auch durch einen Abzug am Lohne nicht sogleich in Noth gerathen. Am niedrigsten steht allerdings der Lohn bei der zahlreichen Bevölkerungsklasse, welche ohne erlernte Geschicklichkeit lediglich auf Verwerthung der rohen Körperkraft angewiesen sind. Bei diesen liegt die Gefahr der Verarmung am Nächsten. Soll hier

---

[61]) Verhandlungen der Kammer der Abgeordneten des bayerischen Landtags in den Jahren 1866/67. Beilagen-Band III. Verhandlungen des Gesetzgebungsausschusses. Sitzungs-Protokolle d. 3. Abtheilung 1866. S. 237.

[62]) Vgl. die Mittheilungen und Untersuchungen von Rau, Grundsätze der Volkswirthschaftslehre §§. 187—205. Das Ricardo'sche „Gesetz", welches von der neueren Wissenschaft nur in sehr beschränkter Weise anerkannt wird, ist auf dem Juristentage gründlich mißverstanden worden.

[63]) Rau sagt (a. a. O. S. 226): „Eine vorübergehende Vertheuerung der Lebensmittel, z. B. aus einer schlechten Ernte, kann nicht sogleich den Lohn steigern u. s. w. Die arbeitende Klasse muß folglich in solchen Jahren von ihren Ausgaben etwas zu ersparen suchen, indem sie entbehrliche Genüsse aufgiebt und sich mit schlechteren Lebensmitteln behilft. Je höher bisher ihr Lohn war, desto eher kann sie sich Etwas abbrechen, ohne sogleich in Noth versetzt zu werden."

geholfen werden, so dürfte es m. E. das Gerathenste sein, an die Dauer des Arbeitsverhältnisses anzuknüpfen. Eine Classifikation der Arbeiter halte ich bei den vielen unmerklichen Abstufungen nach Ort, Zeit u. s. w. für absolut unthunlich. Ich kann aus eigener Erfahrung berichten, daß in Seestädten, wie in Danzig, gewöhnliche Arbeitsleute, z. B. Sackträger, Schiffszieher u. dgl., wenigstens zu Zeiten so reichlichen Lohn empfangen, daß sie leicht in einen gewissen Wohlstand gerathen, wenn sie sich nicht Luxusgenüssen hingeben, und daß ihre Lage der von kleineren Handwerksmeistern u. s. w. beträchtlich vorzuziehen ist. Im Allgemeinen aber kann man davon ausgehen, daß, je prekärer das Arbeitsverhältniß hinsichtlich seiner Dauer ist — wie dies von Tagelöhnern in erster Linie gilt — nicht nur der Lohn in der Regel niedriger, sondern die ganze Lage des Arbeiters durch einen Lohnarrest am Meisten gefährdet ist. Aus diesem Gesichtspunkte könnte man daran denken, den Lohnarrest da abzuschneiden, wo nicht ein auf etwa mindestens 4 Wochen (sei es durch Festsetzung eines diese Dauer erreichenden oder überschreitenden Endtermins oder einer gleichen Kündigungsfrist, welche auch gesetzlich (als naturale negotii) bestimmt sein kann) eingegangenes Arbeitsverhältniß vorliegt. Hierdurch würden allerdings alle Theile von vorn herein in den Stand gesetzt, die Möglichkeit und Folgen eines Lohnarrestes klar zu übersehen und zu bestimmen. Ein Arbeitgeber, welcher sich schlechterdings nicht auf Lohnabzüge einlassen will, könnte denselben alsdann leicht durch eine entsprechende Einrichtung der Arbeitsverträge entgehen. Dennoch kann ich mich nicht für eine Regelung in diesem Sinne erklären. So sehr auch die Vortheile einer verbesserten wirthschaftlichen Lage gerade der untersten Arbeiterklassen für die bürgerliche Gesellschaft und den Staat anzuerkennen sind, so verwerflich sind doch alle in dieser Richtung aufgewendeten künstlichen Mittel. Verbesserter Unterricht, verbesserte Sittlichkeits- und Gesundheitspflege und nicht zuletzt diejenigen bereits oben erwähnten wirthschaftlichen Vereinigungen, denen neuerdings auch von Bundes wegen die gesetzliche Anerkennung zu Theil geworden ist, sind besser geeignet, den Arbeiterstand zu heben, als Singular-Vorrechte, welche bei ihrer unvermeidlichen Rückwirkung auf die rechtliche Stellung und den Credit der Arbeiter nur zu leicht in ihr Gegentheil umschlagen. Freilich verwirft man eben diesen Credit auf den künftigen Lohn und sieht gerade hierin einen Grund zur Beseitigung des Lohnarrestes. Allein ich glaube im Vorstehenden gezeigt zu haben, daß die Voraussetzung, eine wirkliche Befriedigung des Gläubigers aus dem künftigen Lohne sei unthunlich und dieser daher auch als Sicherungsmittel ungeeignet, keineswegs zutrifft. Es ist sehr wohl möglich, daß Gläubiger und Schuldner in ganz verständiger und besonnener Weise, ohne an äußeren Zwang durch die in der Arrestanlage enthaltene Drohung der Brotlosigkeit u. s. w. zu denken, eine Berichtigung der Schuld aus dem künftigen Lohne in Aussicht nehmen, für welche im Nothfalle Gesetz und Richter ihren Beistand leihen sollen. Das Gutachten von Dr. Otto erkennt dies selbst an, indem es jenen Beistand bei schriftlicher Anweisung auf den Lohn nicht versagen will. Die Anweisung ist eben Nichts, als der Ausdruck jener Absicht beider Theile, welche der Gesetzgeber durch Zulassung des Lohnarrestes stillschweigend voraussetzt. Wer die ausdrückliche Anweisung auf den Lohn zuläßt, müßte m. E. consequenter Weise auch die stillschweigende gestatten.[64]) Es ist mir deshalb nicht recht verständlich, wie Dr. Otto nachträglich sich als Anhänger des unbedingten Verbots (allerdings noch mit gewissem Vorbehalt) hat bekennen können. Der Abtheilungs-Referent (Becker) hatte jene Consequenz nicht verleugnet und in erster Linie beantragt, auch jede Veräußerung der Lohnforderung, soweit diese zum nothdürftigen Lebensunterhalt erforderlich, zu untersagen.[65]) Die Einschränkung der Rechtsfähigkeit des Arbeiters würde dann freilich schneidender, die gesetzliche Bevormundung um so drückender. Das Gesetz würde damit ganz und gar den Charakter der gegen leichtsinniges Schuldenmachen gerichteten Gesetze annehmen, von deren Werth man heutzutage keine übertriebenen Vorstellungen hegt. Man macht nicht mehr gern Gesetze, bloß um möglichem Mißbrauch vorzubeugen. Der Standpunkt der Reichstags-Majorität war ein weiterer; denn sie machte keinen Unterschied zwischen freiwillig gewährtem Credit und gesetzlichen Verbindlichkeiten (aus unerlaubter Handlung, aus Zuständen u. s. w.). In der Reichstags-Debatte ist das Erforderniß einer Beschränkung des Verbots auf jene erstgedachten Verbindlichkeiten überhaupt nicht zur Sprache gekommen, ohne daß man daran gedacht zu haben scheint, daß auf die zweite Kategorie das Hauptmotiv der Resolution (die Abschnei-

[64]) Allerdings erforderte Otto außerdem noch die schriftliche Zustimmung des Arbeitsgebers. Damit würde aber in den meisten Fällen die gesetzliche Erlaubniß zu dergleichen Geschäften ganz illusorisch gemacht werden. Der Arbeitgeber wird schwerlich das Creditbedürfniß des Arbeiters zu beurtheilen im Stande und durch seine Zustimmung zu unterstützen geneigt sein.

[65]) So erklärt Anhang §. 163 zu §. 108 I, 24 d. Pr. Allg. Ger.-Ordn. jede Verzichtleistung auf die Beamten-Competenz, sowie „jede Verpfändung und Anweisung fixirter Besoldungen, Emolumente und Pensionen" für unwirksam. Auch nach Art. 2 des Bayerischen Ausschuß-Entwurfs darf das der Beschlagnahme unterliegende Maß von Besoldungen, Pensionen 2c. der öffentlichen Beamten selbst mit Einwilligung des Schuldners nicht überschritten werden.

dung des „ungesunden" Credits) nicht paßt. Und doch ist diese Beschränkung, diese Abschwächung des unbedingten Verbots des Lohn-Arrestes gar nicht von der Hand zu weisen, wenn man nicht geradezu einer großen Zahl von Forderungen, ohne irgend eine Verschuldung des Gläubigers bei Eingehung der Obligation, die Aussicht auf Befriedigung abschneiden will. Man sieht, wie sich nach allen Richtungen hin bedenkliche Consequenzen des unbedingten Verbots ergeben, und auf welche Abwege andrerseits man geräth, wenn man dasselbe augemessen zu begrenzen sucht.

Ich habe bisher nur vorübergehend der Stellung der Arbeitgeber zu der vorliegenden Frage gedacht. Dieselbe ist aber um so weniger außer Acht zu lassen, als gerade hier, wenn wir nicht irren, der eigentliche Heerd der Agitation gegen den Lohnarrest zu suchen ist. Daß der Arbeitgeber nach allgemeinen Rechtsgrundsätzen zur Befolgung der Arrestanlage genöthigt ist, ist unzweifelhaft und kann nur von einer dem Verkehr mit Forderungen, wohin auch die nothwendige Cession und die Beschlagnahme von Forderungen gehört, überhaupt abgeneigten Richtung bestritten werden, welche als antiquirt zu betrachten ist. Daß bei großen gewerblichen Etablissements sich die Beschlagnahmen von Löhnen häufen, und dem Arbeitsgeber daraus manche Unbequemlichkeiten erwachsen, ändert Nichts. Auch bei Theil-Cessionen, Theil-Kündigungen und Vererbungen entstehen unabweisbare Unbequemlichkeiten für den Schuldner. Wenn dem Arbeitgeber die Belästigung durch den Arrest allzu drückend erscheint, bleibt ihm in der Mehrzahl der Fälle die Kündigung, resp. Entlassung. Man hat allerdings gerade hieraus einen Grund für das unbedingte Verbot des Lohnarrestes abgeleitet (Hilse). Allein bereits der Plenar-Referent des Juristentages hat demgegenüber auf die periodisch beobachtete große Menge der Lohnarreste hingewiesen. Häufig ist der Vortheil, einen tüchtigen und fleißigen Arbeiter beizubehalten, so überwiegend, daß der Arbeitgeber lieber die Unbequemlichkeit, über die Lohnabzüge Buch zu führen und die Legitimation des Empfängers zu prüfen[66]), erträgt. Nach eingezogenen authentischen Mittheilungen kann ich anführen, daß bei großen fiscalischen Werkstätten, z. B. Gewehr-Fabriken, die Einrichtung

---

[66]) In letzterer Beziehung könnten auch immerhin Erleichterungen gewährt werden. So könnte man die ausgefertigte Arrest-Verfügung zum „Legitimations-Papier" erheben, dergestalt, daß der Lohnschuldner zur Prüfung der Legitimation des Vorzeigers nur berechtigt, nicht verpflichtet wäre. Den Executor zum Incasso-Mandatar zu machen, wie Hopf (S. 36) in erster Linie vorschlägt, empfiehlt sich schwerlich, wegen der zu großen Belästigung der Gerichte.

getroffen ist, daß erst bei wiederholtem Lohnarrest zur Entlassung des Arbeiters, und auch dann nur mit Auswahl, geschritten wird. Freilich, wenn man lediglich das Interesse der Arbeitgeber hören wollte, müßte man den Lohnarrest ganz beseitigen. Dasselbe macht sich mitunter in beinahe naiver Weise geltend. So hören wir den Unwillen der Arbeitgeber über die ihnen gemachte „Zumuthung“, für einen Dritten den Kassirer zu spielen, sehr deutlich aus den Verhandlungen der Handels- und Gewerbekammer zu Plauen heraus, worin diese sich gegen die oben (S. 13) mitgetheilte Bestimmung des K. Sächsischen Entwurfs erklärt. In sehr emphatischer Weise heißt es in dem Commissionsbericht[67]):

„Die Bestimmung, daß eine Lohnverkümmerung eintreten kann, macht liederliche Dienstboten und schlechte Gewerbsgehilfen; ja durch solche Lohnverkümmerungen wird mancher Arbeiter förmlich zum Verbrechen hingedrängt. Die Lohnverkümmerung schadet der Industrie, wie der Landwirthschaft; sie richtet ordentliche Leute zu Grunde; sie nöthigt Unbetheiligte, Zeit und Kräfte für leichtsinnige oder rachsüchtige Gläubiger zu vergeuden; sie nährt und befriedigt die Rachsucht der Gläubiger, denen sie das Mittel in die Hand giebt, einen Schuldner zum Broterwerb unfähig zu machen.

Wer die Verhältnisse genauer kennt, weiß, wie leichtsinnig oft den Dienstboten und Gewerbsgehilfen der Credit an den Hals geworfen wird, wie oft sie dazu überredet werden, dies oder jenes auf Borg zu kaufen, wie man ihnen Ratenzahlungen zugesteht, um ihnen das Kaufen leicht zu machen. Wenn sie dann später nicht zu rechter Zeit zahlen, so verkümmert der Gläubiger den Lohn, und Dienstherr oder Arbeitsherr müssen für den Gläubiger vorschußweise den Dienstboten oder Gewerbsgehilfen Abzüge machen. An und für sich ist es eine starke Zumuthung an einen ganz Unbetheiligten, für einen Dritten die Hilfsvollstreckung zu besorgen; hier aber, wo er dadurch, daß ihn das Gesetz dazu zwingt, den Exekutor zu machen, seine eigenen Interessen verletzen muß, ist es eine durch Nichts zu rechtfertigende Härte“ u. s. w.

Man sieht leicht, worauf bei dieser übertriebenen Darstellung der Nachdruck liegt. Der Fabrikherr fürchtet die Belästigung durch den Lohnarrest, vielleicht auch die Verschlechterung der Leistungen des Ar-

---

[67]) Bericht der Comm. der H.- und G.-K. Plauen über die Entwürfe einer Königl. Sächs. Civilproceß- u. Concursordnung S. 22 ff.

beiters, welche indessen mehr eine Folge der Schulden, als der zu deren Tilgung ergriffenen gesetzlichen Maßregeln ist. Indessen sind in derselben gewerblichen Körperschaft auch andere Stimmen laut geworden. Nicht nur die anwesenden Juristen haben sich gegen den Commissions-Antrag erklärt; ein hervorragendes kaufmännisches Mitglied (Staatsminister a. D. Georgi) machte auf die Erschütterung aufmerksam, welche der Credit der dadurch betroffenen Arbeiter bei Beseitigung des Lohnarrestes erleiden müßte, worauf der Referent sehr bezeichnender Weise bemerkte, „daß die Kammer es zunächst nur mit den Interessen ihres eigenen Standes zu thun habe nnd es Anderen überlassen müsse, weitere Consequenzen zu ziehen." Ein anderes Mitglied sprach sich mit Entschiedenheit gegen den Commissionsantrag aus und erachtete die fortdauernde Gestattung der Lohnverkümmerung im Gegensatze zu den Ausführungen des Berichts durch sittliche und volkswirthschaftliche Gründe gerade für unbedingt geboten. Er hielt es mit den Anforderungen der Sittlichkeit nicht für vereinbar, die Arbeiter von Erfüllung der allgemeinen Rechtspflichten zu entbinden, und glaubte, daß die Beschwerungen des Arbeitgebers dem allgemeinen Rechtsinteresse gegenüber nicht in Betracht kommen könnten, zumal der Arbeitgeber das geringe onus nicht für den Dritten, sondern für den Arbeiter übernehme. Er erinnerte an die Pflicht, auch das Interesse des Darleihers zu wahren, der ja oft aus ganz löblichen Motiven gehandelt haben könne u. s. w. Das Borgen werde auch bei Durchführung des Commissionsantrages fortgehen. — Diesen Ausführungen wurde zwar mehrfach entgegengetreten, und namentlich hob man wiederum hervor, „daß es eine Unbilligkeit sei, einem unbetheiligten Dritten, wie dem Arbeitgeber, Verpflichtungen aufzuerlegen; der bisherige Rechtszustand stelle den Arbeitgeber schlechter, als Dritte." Bei der schließlichen Annahme des Commissionsantrages wurde indessen wenigstens für erforderlich gehalten, der königl. Staatsregierung anheimzugeben, ob nicht der gestellte Antrag auch auf Staats- und Communalbeamte, Kirchen- und Schuldiener Anwendung zu finden habe.[68])

Ich habe die vorstehenden Verhandlungen ziemlich ausführlich mitgetheilt, weil dieselben für die Stimmung in den höheren Kreisen des Handels- und Gewerbestandes charakteristisch sind. Der Stand der großen Fabrikanten und Kaufleute bedarf des Lohnarrestes so wenig, als der Schuldhaft. Er empfindet nur die Belästigung, und bei dieser Empfindung gewinnen die Gründe für das unbedingte Verbot,

---

[68]) Plenarverhandlungen v. 16. u. 17. November 1865 S. 5. 6.

welches ja ohnehin den Vorzug einer einfachen und klaren Maßregel, einer Radical-Kur hat, wie sie manchen Gemüthern allein zusagt, leicht das Uebergewicht. Ich bin daher nicht zweifelhaft, daß auch der Deutsche Handelstag, an welchen die Frage neuerlich gediehen ist, sich, wenn die Geschichte ihm nicht zuvorkommt, in gleichem Sinne aussprechen wird.[69]) Allein so beachtenswerth für Fragen der Handelsgesetzgebung die Stimmen dieser Interessen-Vertretungen sein mögen, in der Lohnarrestfrage nehmen sie nur einen einseitigen Standpunkt ein. Die Hauptbetheiligten sind die Arbeiter selbst, welche sich verhältnißmäßig sehr wenig über die Frage geäußert haben, obwohl dazu mittelst Petitionen, Resolutionen u. dgl. Gelegenheit genug gewesen wäre, und die zahlreichen Creditgeber aus den unteren Schichten des Gewerbestandes. Mehr Gehör indessen, als die Stimmen der Interessenten, verdient die unbefangene Stimme der Rechts-Ordnung und einer die Harmonie der Interessen anstrebenden Volkswirthschaftslehre. Ehe sich die Gesetzgebung entschließt, ein Vermögensstück den Händen des Gläubigers ganz zu entziehen, und dadurch den gegründeten Anspruch des letzteren auf Befriedigung vielleicht völlig inhaltslos zu machen, in weiterer Folge aber auch den Credit des Schuldners völlig zu untergraben, wird es der zwingendsten, der unabweislichsten Gründe bedürfen. Unsere Ausführung wird hoffentlich mindestens den Erfolg haben, den durch die imposante Reichstags-Majorität erweckten Glauben an die Unfehlbarkeit und die überzeugende Kraft der für das unbedingte Verbot des Lohnarrestes ins Feld geführten Gründe hier und da zu erschüttern, wenn nicht die späteren Abschwächungs-Versuche innerhalb des Juristentages bereits Zweifel daran erweckt haben sollten.

Wir haben uns aber weiter mit Denen auseinander zu setzen, welche der gesetzlichen Fixirung der abzugsfähigen Quote eine Abmessung derselben nach dem concreten Bedürfniß vorziehen. Beide Meinungen stehen auf demselben Boden. Sie wollen es bei der Execution in den künftigen Lohn nicht zum Aeußersten kommen lassen, nicht den Exequenden und den Arbeitgeber zur Auflösung des Arbeitsverhältnisses drängen. Sie streben vielmehr nach einer sachgemäßen Vermittelung des Gläubigerrechts auf Befriedigung mit dem Recht des Schuldners, zu existiren, und dem Recht des Arbeitgebers auf die ungeschmälerte Arbeitsleistung. Im Hinblick auf die eigenthümliche

[69]) Ein Antrag von Christ in Siegen, betr. die Beschlagnahme von Arbeitslöhnen, ist dem Ausschusse zur Bearbeitung überwiesen. — Verh. des 4. Deutschen Handelstages zu Berlin vom 20. bis 25. October 1868. Stenogr. Berichte. Berlin 1868. S. 135.

Natur des in Rede stehenden Vermögensobjects, welches erst durch fortgesetzte Anstrengung der Arbeitskraft des Schuldners vollständig zur Entstehung gelangt, erscheint es nach dieser Ansicht als eine gesunde Gestaltung des ganzen Verhältnisses, wenn der Gläubiger sein Recht nicht bis zur äußersten Consequenz verfolgen darf, sondern wenn das strenge Recht dahin gemildert wird, daß dem Schuldner ein Theil des Lohnes zur Fristung seiner Existenz frei bleibt. Diesen Theil hat der Gläubiger gewissermaßen beizutragen, wenn er darauf rechnen will, daß der arrestirte Lohn wirklich verdient werde. Das Recht auf operae, resp. auf deren Ertrag ist in der That von der Verpflichtung zur Alimentation des Arbeiters nicht zu trennen. Wer Früchte ziehen will, muß auch die zur Erhaltung der fruchttragenden Sache und zum Fruchtbezug nothwendigen Ausgaben tragen.[70]) Näher als diese Analogieen liegt indessen immer die durch das Executionsrecht gehende Maxime, den Schuldner durch die Execution nicht völlig vernichten zu lassen. Wenn die Gesetzgebung mit Rücksicht auf den Mangel an eigentlicher Masse nicht so weit gehen kann, auch dem überschuldeten Arbeiter in dem Concurse eine Seisachtheia in Aussicht zu stellen,[71]) so hat sie ihm wenigstens die Competenz zu belassen, mit Hilfe deren es ihm allein möglich wird, das mit Arrest belegte Vermögensobject wirklich zur Befriedigung des Gläubigers zu verwenden. Wird der Gläubiger doch unter ähnlichen Voraussetzungen zur Zahlungs-Stundung genöthigt.[72]) Nur bei einer Beschränkung des Lohnarrestes auf das Entbehrliche bleibt derselbe ein wirkliches Executions- und Creditmittel. — Insoweit sind die Gegner des unbedingten Verbots und der unbeschränkten Zulassung des Lohnarrestes einig. Der Unterschied liegt nur in der Ausführung.

Der Juristentag hat in dieser Beziehung eine völlig bestimmte Haltung nicht eingenommen. Allerdings ist die gesetzliche Fixirung eines der Beschlagnahme unterliegenden Theils von keiner Seite vertheidigt worden. Indessen ist doch der deutlich gefaßte Antrag Hopf's, welcher das Maß des Freizulassenden im einzelnen Falle durch eine

---

[70]) Fructus hominis in operis consistunt (L. 4. D. de operis serv.) Hoc fructuum nomine continetur, quod iustis sumptibus deductis superest (L. 1. C. de fruct.). Ex fructibus prius impensis, quae fructuum percipiendorum causa factae sunt, satisfaciendum est (L. 7 §. 16 D. sol. matrim.).

[71]) Diese Ausdehnung des Conkurses empfiehlt Ullmann: Die Zukunft der Schuldhaft. Berlin. 1868. S. 75 ff.

[72]) §§. 421 ff. Preuß. Concurs-Ordn. v. 8. Mai 1855. Die Sicherstellung (§. 423 Z. 4) wird hier eben durch die Arrestanlage ersetzt.

causae cognitio ermitteln und durch richterliches Ermessen feststellen lassen wollte, in der Abtheilung und im Plenum abgelehnt. Dagegen ist ein Antrag von Lipke zum Beschlusse erhoben, welcher dem Schuldner „das Recht auf die Belassung einer Competenz" einräumt, ohne sich darüber auszusprechen, wie diese Competenz festgestellt werden soll. Die Auffassung des Antragstellers wandte sich zunächst gegen die Beschränkung des Lohnarrestes ex officio. Es liege darin eine Bevormundung des Arbeiters, welche diesem unter Umständen lästig werden könne. Man möge ihm die Wohlthat nicht aufdrängen, sondern zunächst seiner eigenen Beurtheilung überlassen, ob er eine Competenz beanspruchen wolle. Diese Ansicht hat Manches für sich; sie hängt indessen mit der Frage, ob gesetzliche Quote, ob concretes Ermessen, nicht nothwendig zusammen. Man kann sich sehr wohl die gesetzliche Fixirung als eine subsidiäre für den Fall denken, daß der Arbeiter die Freilassung überhaupt beansprucht. Aber der Antragsteller entwickelte (als Plenar-Referent) weiter, daß es eigentlich nicht Sache des Juristentages sei, sich darüber, wie die Competenz geregelt werde, allgemein auszusprechen. Die Behörden-Organisation sei in dieser Beziehung zu verschieden. Dabei erinnerte er an die Vorschriften des Preußischen Rechts über die Bewilligung von gewissen Executionsbeschränkungen für Künstler und Professionisten, wonach „das die Execution dirigirende Gericht mit dem Polizeimagistrate des Orts Rücksprache halten" soll (§. 95 I, 24. Allg. Ger.-Ordn.). Es sei daher besser, die vorliegende Frage „den speciellen Verhältnissen" zu überlassen. Freilich ging der Antragsteller sichtbar davon aus, daß die Competenz (auf Verlangen des Exequenden) nicht ein für alle Mal, sondern in jedem einzelnen Falle zu regeln sei, und diese Auffassung wurde mehrfach getheilt. Einzelne Mitglieder legten sogar den Abtheilungsbeschluß bereits im Sinne einer concreten richterlichen Feststellung aus. Allein diese Ansichten sind in dem gefaßten Beschlusse mindestens nicht zum klaren Ausdruck gelangt. Wie dem auch sei, jedenfalls ist die Ansicht, daß die gesetzliche Fixirung einer Quote vor einer concreten Ermittelung des abzugfähigen Theils manche Vorzüge biete, keineswegs vereinzelt geblieben. Im Gegentheil sind gerade in neuester Zeit mehrere Stimmen außerhalb des Juristentages für dieselbe laut geworden. Immer ist es wieder die Analogie des Beamten-Gehalts, welche in dieser Richtung geltend gemacht wird. Wie dort trotz der localen und individuellen Verschiedenheiten eine gesetzliche Fixirung sich ausführbar gezeigt hat, so — meint man — müsse sich auch für den Arbeitslohn im Allgemeinen ein bestimmtes Verhältniß finden lassen. Ausweislich meiner obigen Uebersicht hat ja die Praxis mancher Länder diesen Weg bereits betreten. Mit Recht wird hierauf in der Presse großes Gewicht gelegt.[73]) Von den neueren Entwürfen haben der Neide'sche und der neueste Bayerische sich gleichfalls für die gesetzliche Fixirung einer Quote, der letztere allerdings unter mannichfacher Abstufung[74]) erklärt. Auch in Frankreich bei der noch unvollendeten Revision des code de procédure civile soll man ähnliche Grundsätze angenommen haben. Gegen die concrete Normirung nach den besonderen Verhältnissen des Exequenden wird von den Anhängern des unbedingten Verbots mit Nachdruck geltend gemacht, daß dieselbe unzureichend sei.[75]) Nach wiederholter Prüfung kann auch ich mich von den Vorzügen einer Ermittelung des abzugsfähigen Theils im concreten Falle nicht überzeugen. Diese Art der Normirung mag allerdings theoretisch richtiger sein, indem sie sich am nächsten dem Gedanken, aus welchem die Beschrän-

---

[73]) So sagt ein Artikel der Düsseldorfer Zeitung (abgedruckt in Nr. 34 der Nordd. Justiz-Zeitg. v. 1868): „Es ist nun aber nicht entfernt abzusehen, was der Anwendung desselben Grundsatzes" (nämlich bezüglich der Beamten-Competenz) „auf den Lohn des Arbeiters entgegenstehen sollte. Das beste Zeugniß, womit wir hier einer ähnlichen Einrichtung das Wort reden können, ist, daß auch schon ohne deren gesetzliche Sanction der praktische Rechtsverkehr von freien Stücken vielfach den nämlichen Weg einschlägt und dabei am besten seine Rechnung zu finden glaubt. Daher halten auch wir dafür, daß es allen Interessenten am besten entspräche, wenn man ein für alle Mal einen Bruchtheil des Lohnes für beschlagfähig erklärte, und da scheint uns ein Viertel als der richtig gegriffene Satz. Man wird annehmen dürfen, daß der Arbeiter mit dem Rest eingeschränkt leben kann; man wird den Arbeitgeber möglichst wenig belästigen und wird endlich auch dem Gläubiger gerecht werden." — In ähnlichem Sinne äußert sich die Nordd. Justiz-Zeitg. 1868 Nr. 19. 21. 28. 29. 34. u. ein Aufsatz in den Grenzboten Jahrg. 1868 II. Sem. Nr. 30. S. 156 flgde.

[74]) Die gegenwärtige Fassung des Bayerischen Entw. rührt vorzugsweise von dem bekannten Abg. Dr. Völk her. Er will „nicht blos die Qualität der betreffenden Personen, sondern auch die Quantität des Verdienstes im Auge behalten, und von diesem Verdienste eine bestimmte Quote, bei einigen Kategorieen wohl auch den ganzen Verdienst frei lassen. Weiter zu gehen" (als seine speciellen Vorschläge) „scheine ihm nicht räthlich, da die Folge einer zu weit greifenden Ausnahme nur eine Schädigung des Kredits Derjenigen sein würde, welchen man mit Aufstellung einer solchen Ausnahme eine Wohlthat erweisen wolle." Diese Ansichten fanden mehrseitige Zustimmung. Es wurde nur noch (auf Vorschlag von Wiedenhofer) die Beschränkung der Vorschrift auf „baaren" Lohn hinzugefügt, um Verköstigung und Kleidung von Dienstboten auszuschließen. — Verh. d. Gesetzgebungsausschusses (v. 1. Mai 1867) S. 237 flgde.

[75]) So sagt der all. Plauener Comm.-Bericht: Das subjective Ermessen könne nichts helfen, weil der Richter die Verhältnisse nicht kenne. Remonstrationen würden aus Scheu vor Kosten und anderen Unannehmlichkeiten vermieden. Der Begriff dessen, was zum nothwendigen Lebensunterhalte gehöre, sei auch äußerst schwankend und subjectiv.

kung des Lohnarrestes hervorgeht, anzuschließen scheint. Sie hat ferner offenbar den Vorzug der größeren Elasticität. Allein in der Nähe betrachtet, stößt die Ausführung auf Schwierigkeiten, welche jene Vortheile aufwiegen dürften. Bei der großen Verschiedenheit der Berufszweige und der Individualitäten, bei den zahlreichen Schwankungen nach Zeit und Ort ist die Bildung eines Gerichtsgebrauchs kaum zu erwarten, durch welchen sich ohne viele Mühe die Höhe des Abzuges in concreto bestimmen ließe. Wenn sich ein solcher aber in der That hier und da entwickeln sollte, so wird ihm nicht minder Willkürlichkeit anhaften, als einer gesetzlichen Fixirung, welche doch immer den Vorzug der unwandelbaren gesetzlichen Autorität für sich hat. In der bei Weitem größten Mehrzahl der Fälle würde der Richter zur speciellen Untersuchung der Verhältnisse des Schuldners genöthigt sein, deren Kenntniß von ihm, insonderheit in größeren Städten, nicht erwartet werden kann. Ein Apparat müßte in Bewegung gesetzt, Arbeitskräfte müßten aufgewendet werden, deren Umfang dem Zwecke wenig entsprechen würde. In der Regel müßte der Richter sich auf die Auskunft von Behörden verlassen, welche dergleichen Sachen wieder mechanisch nach hergebrachten Schablonen zu erledigen pflegen. Denn das untergeordnete Executions-Personal, auf welches Hopf verweist[76]), wird schwerlich Jemand als geeignetes Sachverständigen-Forum anerkennen. Mit dem noch aus dem patriarchalischen Staate des vorigen Jahrhunderts stammenden §. 95 I, 24. A. G.-O., auf welchen auch beim Juristentage wiederum hingewiesen worden ist, hat man in Preußen keine guten Erfahrungen gemacht Eine Reihe von Controversen ist entstanden[77]), und die spätere Gesetzgebung mußte durch eine beschränkende Bestimmung allzugrobe Mißbräuche zu vermeiden suchen.[78]) Noch weniger dürfte sich empfehlen, ein besonderes Verfahren mit Instanzenzug, wie bei der Competenzwohlthat[79]), zuzulassen. Bestenfalls, man gestalte die Procedur so einfach wie immer möglich, man lasse nicht einmal eine formlose Beschwerde gegen die richterliche Festsetzung zu, immer würde ein Hin- und Herschreiben, wohl auch ein besonderer Termin und damit eine Verzögerung der Execution unvermeidlich sein. Dem gegenüber hat die gesetzliche Fixirung den Vortheil, jeden Zweifel

---

[76]) Juristentags-Verh. a. a. O. S. 95.

[77]) Vgl. besonders Burchardi bei Gruchot, Beitr. III. S. 402 flgde., auch das. VIII. S. 348.

[78]) Executions-Verordnung vom 4. März 1834 §. 14 (G.-S. S. 31).

[79]) Concurs-Ordnung vom 8. Mai 1855 §§. 434 flgde. Ueber gemeines Recht s. Windscheid Pand. 2te Aufl. II, 1. (1868) S. 60 flgde.

und Streit von vornherein abzuschneiden. Und dieser Vortheil zeigt sich nicht erst in der Executions-Instanz. Er tritt bereits bei Eingehung des Schuldverhältnisses hervor, begünstigt eine freiwillige Erfüllung der Verbindlichkeit und stärkt somit auch den Credit der Arbeiter. Ich habe dies bereits in dem oben abgedruckten Aufsatze näher auszuführen gesucht. Selbst für den Arbeitgeber ist es ein Vortheil, wenn er von vornherein weiß, was er trotz der Arrestanlage dem Arbeiter ohne Gefahr auszahlen darf. Denn immer müßte doch in Ermangelung einer gesetzlichen Fixirung, wenn der Executionssucher nicht gefährdet werden soll, vorab der ganze Lohn vorbehaltlich einer späteren Ermittelung des abzugsfähigen Betrages in Beschlag genommen werden. Der Arbeitgeber müßte also dem Arbeitenden den ganzen Lohn vorenthalten und, wenn er die Weitläufigkeiten scheut, gerichtlich deponiren. Zu diesen positiven Vortheilen tritt endlich der nicht gering zu schätzende, daß die Stellung des Richters rein gehalten wird von solchem arbiträren Hinabgehen in individuelle Verhältnisse, welches sich mehr für eine Administrativbehörde als für ein Gericht schickt. Man strebt danach, die Gerichte von allen heterogenen Geschäften zu befreien, ihnen die Vormundschaften, die Nachlaßregulirungen, die Hypothekensachen abzunehmen, und hier muthet man ihnen die Ermittelung des Unterhaltsbedarfs von Arbeitern und Arbeiterfamilien in zahllosen Arrestfällen zu, nur weil das Gesetz sich scheut, ein Maß des Entbehrlichen — und zwar des Entbehrlichen im Nothfalle der Abtragung von zur Execution stehenden Schulden — ein für alle Mal zu bestimmen.

Ich verkenne durchaus nicht, daß eine solche Fixirung mit ihrem kategorischen Durchgreifen ihr Mißliches hat.

Bei der enormen Verschiedenheit der Höhe des Arbeitslohnes in dem weiten Gebiet des Norddeutschen Bundes durch alle Zweige der Lohnarbeit hindurch ist es allerdings ungemein schwierig, in einer Zahl das Verhältniß des entbehrlichen zu dem für den Arbeiter und seiner (durchschnittlich auf $4\frac{1}{2}$ Köpfe sich belaufenden)[80]) Familie unentbehrlichen Theil des Arbeitslohnes auszudrücken. Allein, wenn man davon ausgehen darf, daß im Allgemeinen der Arbeitslohn den zur Erhaltung der Arbeiter und ihrer Angehörigen in Gesundheit und Kraft erforderlichen untersten Betrag übersteigt (s. oben), so wird sich auch eine das regelmäßige Maß des Entbehrlichen ausdrückende Durchschnittsquote mit

[80]) Rau a. a. O. §. 190. Note a. Auch beim gemeinrechtlichen beneficium competentiae erstreckt sich der Nothbedarf des Schuldners auf die Bedürfnisse seiner Frau und Kinder — Windscheid a. a. O. S. 60. Note 1. —

einiger Vorsicht ermitteln lassen. Ich halte die quotitative Bestimmung für besser, als die Verbindung von Quote und Quantum, wie sie z. B. der neueste Bayerische Vorschlag (nach dem Vorbilde der von Beamtenbesoldungen handelnden Vorschrift des Preuß. Entw. §. 1087.) zeigt. Hält man daran fest, daß nur das unbedingt Unentbehrliche frei zu lassen sei, so wird sich schwer, ohne nach beiden Seiten hin fehlzugreifen, ein bestimmter Betrag finden lassen, welcher den Angriffen des Gläubigers ganz entzogen sein soll. Bei der Beamten-Competenz waltet immer noch der Gesichtspunkt der Erhaltung des äußeren Beamten-Status vor. Der Arbeiter soll nur vor dem äußersten wirthschaftlichen Verfall geschützt werden. Auch der Grundbesitzer, welcher nach durchgeführter Subhastation, mit persönlichen Schulden beladen, Haus und Hof verlassen muß, der Kaufmann, welcher im Concurse sein ganzes Vermögen eingebüßt hat, steht an der Grenze des gänzlichen Ruins.[81] Die Gesetzgebung, so sehr sie die Arbeit zu achten hat, darf nicht dahin gelangen, sie gewissermaßen zu privilegiren. Was gegen das unbedingte Verbot überhaupt geltend gemacht ist, darf in gewissem Maße auch gegen das Verbot der Beschlagnahme des einen bestimmten Betrag nicht überschreitenden Lohnes angeführt werden. Präsumtiv kann Jeder von seinem Erwerbe etwas abgeben, um rechtlich begründeten Verpflichtungen zu genügen. Macht doch auch Staat und Gemeinde Ansprüche bis in die untersten Schichten hinab zu den capite censi. Ein abzugsfreies Quantum bedeutet hier Wenig, dort Viel; heute wird dadurch dem Executionssucher eine Summe entzogen, welche der Arbeiter vielleicht nach Bestreitung seines Bedarfs vergeudet; morgen reicht möglicher Weise das ganze Quantum nicht zur Bestreitung des Nothwendigen hin. Die Quote dagegen trifft Jeden in annähernd gleicher Weise. Sie hat wenigstens die Präsumtion der aequitas für sich. Schlechthin in allen Fällen bittere Noth abzuwenden, das heißt dem Executionsgesetz zu Viel zuzumuthen. Den Fluch der Armuth kann das Gesetz nicht beseitigen; es kann ihn nur mildern. Die Humanität findet ihre Grenze an dem Recht des Gläubigers, welcher vielleicht selbst mit Noth zu kämpfen hat, wie dieses an ihr. Mindestens wird man sagen müssen: Vortheile und Nachtheile der gesetzlichen und der concreten Fixirung halten sich die Wage und bedürfen einer weiteren Erwägung. Es könnte noch an einen Mittelweg gedacht werden, welcher in der That hier und da

[81]) Die Competenz des Gemeinschuldners hängt nach §. 224. d. Preuß. Concurs-Ordn. im späteren Stadium des Verfahrens von dem Gericht (nach Vernehmung der Gläubiger und des Massenverwalters) ab.

empfohlen wird.[82]) Das Gesetz könnte principaliter eine Quote, sei es nun $1/2$ oder $1/4$, oder, um nicht zu hoch zu greifen, vielleicht $1/5$, fixiren, dem Exequenden, vielleicht auch dem Executionssucher aber gestatten, darüber, ob der hiernach frei bleibende Betrag hinreicht oder nach Maßgabe des Bedürfnisses zu erhöhen, resp. herabzusetzen sei, richterliche Entscheidung anzurufen. So hat, wiederum in Anlehnung an die Vorschriften von Beamten-Besoldungen, die Civilproceßordnung für die freie und Hansestadt Lübeck vom 28. April, de publ. d. 17. Mai 1862 — Sammlung Lübeckischer Verordnungen Jahrg. 1862 S. 14 ff. — in §. 181 bestimmt:

> „Auf Besoldungen, Ruhegehalte und Pensionen der Beamten des Staats und der Gemeinden ist eine Beschlagnahme, sofern überhaupt zulässig, doch nur bis höchstens zu einem Viertheil ihres Jahresbetrages, auf Dienstlohn nur bis höchstens zur Hälfte des vereinbarten Jahreslohnes zulässig. Ist aber in dem Dienstlohne zugleich die Vergütigung für Beköstigung mit einbegriffen, so ist eine Beschlagnahme ebenfalls nur bis zu einem Viertheile des Jahresbetrages statthaft.
>
> Auf Antrag des Schuldners und nach Anhörung des Gläubigers **bleibt jedoch dem Gerichte die Befugniß vorbehalten, einen geringeren Betrag festzustellen.**
>
> Gegen diese Entscheidung findet kein Rechtsmittel statt."

Meines Erachtens ist ein solches Compromiß nicht zu befürworten, weil es die Vortheile der gesetzlichen Fixirung zum Theil aufgiebt, ohne die der concreten Ermittelung zu garantiren. Kein Theil würde sicher sein, ob nicht nachträglich diese concrete Ermittelung mit ihrer Weitläufigkeit und ihren sonstigen Schattenseiten begehrt wird, und doch würde in manchen Nothfällen gerade um dieser Weitläufigkeit und des ungewissen Ausfalles willen nicht davon Gebrauch gemacht werden. Mancher Betroffene würde es vorziehen, sich durch Aufgeben des Arbeitsverhältnisses, Simulation oder die sonstigen beliebten Mittel zu helfen.

Aus denselben Gründen kann ich mich auch nicht erheblich dafür interessiren, die Freilassung der gesetzlichen Quote von der Geltend-

---

[82]) So will P. Hinschius (Zeitschrift f. Gesetzgebung u. Rechtspflege, Band II. S. 704) bei einer Beurtheilung der Hopf'schen Schrift Hopf's und meinen Vorschlag — unter Anerkennung, daß für beide Ansichten „gewichtige Gründe" sprechen — kombiniren, indem er glaubt, „dadurch die Vortheile beider ohne ihre Nachtheile zu adoptiren."

machung dieses Rechts durch den Schuldner abhängig zu machen, wie der Plenar-Referent des Juristentages wollte und durch seine Fassung des nachher angenommenen Antrages auszudrücken meinte. Die Gesetzgebung kann mit gutem Grunde davon ausgehen, daß kein Schuldner der Freilassung einer Sustentations-Quote seines Arbeitslohnes widerstrebt. Hat der Arbeiter anderweite Mittel, so wird er es zu einer Execution in den Lohn überhaupt schwerlich kommen lassen. Stellt man die Freilassung aber in das ausdrückliche Belieben des Arbeiters, so geräth dadurch die ganze Maßregel in's Schwanken, und es würden Modificationen der ursprünglichen Arrestanlage erforderlich, welche das Executionsverfahren verzögern. Man kann sehr zweifelhaft sein, ob selbst ein ausdrücklicher Verzicht des Schuldners auf die gesetzliche Befreiung wirksam sei. Wir wollen, wie bereits oben angedeutet, nicht soweit gehen (wie eine Richtung auf dem Juristentage), auch die vertragsmäßige Verfügung über den ganzen Lohn zu untersagen, weil uns der mit Hülfe resp. unter Verwendung der Lohnforderung zu bewerkstelligende Vermögensverkehr keineswegs als ein unerlaubter, oder auch nur ungesunder schlechthin erscheint, der etwa mit dem berüchtigten Truck-System auf eine Linie zu stellen wäre. Wer mit vollem Bewußtsein nicht sowohl unmittelbar auf die gesetzliche Executionsbeschränkung verzichtet, als über den befreiten Gegenstand durch Veräußerung (oder Verpfändung) verfügt, diesen also in andere Vermögens-Vortheile umsetzt, dem braucht eine Gesetzgebung nicht zu Hülfe zu kommen, welche auch das Abpressen von Wucherzinsen gestattet. Es hieße, ihn als Unmündigen behandeln, wenn man sein Rechtsgeschäft hinterdrein für nichtig erklären und (consequenter Weise) vielleicht gar die Rückforderung (Condiction) des über den abzugsfähigen Betrag hinaus Gezahlten zulassen wollte. Ein solches Geschäft, zumal über rückständigen Lohn, ist ebensowenig ohne Weiteres contra bonos mores als eine Verschleuderung von Habe und Gut. Die Veräußerung seines Vermögens — und auch die Verpfändung ist eine theilweise Veräußerung — ist jedem Dispositionsfähigen gestattet. Wer volle politische Rechte besitzt, dessen Wille muß auch im Kreise des Privatrechts zur vollen Geltung gelangen können.[83]) Anders aber ist es mit der Wirksamkeit der Executionsbeschränkung in der Executions-Instanz. Hier handelt es sich um Modificationen der Rechtsverfolgung aus

[83]) Die Ausnahmen für Staatsbeamte (s. Note 65.) haben ihren Grund in dem besonderen Beamten-Verhältniß. Ein Antrag des Abg. Völk im Bayerischen Gesetzgebungsausschuß, die betreffende Ausnahme auch auf Arbeits- und Dienstlöhne (s. oben S. 13.) auszudehnen, ist gefallen (s. Verhandlungen — oben Note 61 — S. 237. 238.)

Gründen der Menschlichkeit und des öffentlichen Interesses, nicht um veräußerliche Privatrechte. Diese Vorschriften sind kein Gegenstand der Privatdisposition. Ein direkter Verzicht auf ihre Anwendung ist unbedenklich ohne Wirkung.[84]) Mindestens aber darf das Gesetz auch ohne ausdrückliche Berufung auf jene Vorschriften voraussetzen, daß der Schuldner sich stillschweigend dem geltenden Executionsrecht unterworfen hat, d. h. dem Executionsrecht mit allen darin zu seinen Gunsten enthaltenen Beschränkungen der Execution. Von einer Verletzung des Grundsatzes „beneficia non obtruduntur" kann somit schwerlich die Rede sein.

Hat hiernach das künftige Gesetz einfach auszusprechen, daß nur eine bestimmte Quote des Arbeits- und Dienstlohns der Beschlagnahme unterliege, so kann es sich doch weiter fragen, ob nicht in subjectiver oder objectiver Beziehung sich gewisse Beschränkungen, beziehungsweise Modificationen empfehlen. Daß ich einer Beschränkung der vorliegenden gesetzgeberischen Maßregel auf einzelne Arbeiterklassen oder auch nur einer Abstufung der Quote je nach der Beschäftigung nicht das Wort zu reden vermag, wird sich schon nach meinen obigen Ausführungen ergeben. Auch die höhere, ja gerade die geistige Arbeit wird nach volkswirthschaftlichen Erfahrungen oft schlecht genug bezahlt, so daß der Ertrag kaum zum nothdürftigen Unterhalt des Arbeiters hinreicht. Es wäre gehässig und würde sociale Kämpfe erregen, wenn eine Arbeiterklasse vor der anderen bevorzugt würde. Wo ist auch die Grenze der Handarbeit, Tagearbeit, Fabrikarbeit und ähnlicher allgemeiner Kategorieen, mit welchen sich das Gesetz auf alle Fälle behelfen müßte? Niemand, auch der Richter nicht, würde dieselbe mit Sicherheit zu bestimmen im Stande sein. Die Folge wäre eine Störung des Credits und fortwährendes Schwanken der gerichtlichen Praxis.[85]) Man muß nur daran festhalten, daß die Quote im Sinne der Freilassung des nothdürftigen, nicht des standesmäßigen Unterhaltsbedarfs fixirt ist.[86]) Ebensowenig läßt sich hier zwischen Stücklohn und Zeitlohn unterscheiden. Beide haben den gleichen wirthschaftlichen und juristischen Charakter. Der Quoten-Abzug ist dort so gut ausführbar als hier. Auch den Gesindelohn besonders auszuzeichnen, halte ich nicht für erforderlich. Daß die Exekutionsbeschränkung sich nicht auf Natural-Bezüge zu erstrecken hat, wie der neueste Bayerische Entwurf besonders hervorhebt, ist theils selbst-

[84]) Vgl. Rescr. v. 9. April 1838 — v. Kamptz, Jahrb. Bd. 51 S. 386. —

[85]) Vgl. auch Becker in d. Juristentags-Verh. a. a. O. S. 86.

[86]) „Non ex qualitate, sed ex quantitate" bestimmt sich die Competenz schon beim gemeinrechtlichen Competenzbeneficium. — Windscheid a. a. O. S. 60.

verständlich, theils unrichtig. Soweit die Leistungen rein fungibler Art sind (ähnlich wie manche Altentheils-Prästationen), ist kein Grund abzusehen, warum ein Unterschied zwischen ihnen und „baarem Lohn“ gemacht werden soll. Insofern es sich dagegen um Bezüge handelt, die von der Person des Arbeiters nicht zu trennen sind, kann so wenig von einem Arrest als von einer Beschränkung desselben auf das Entbehrliche die Rede sein. Zu der letztern Kategorie gehört z. B. Beköstigung (die das Lübecker Gesetz allein hervorhebt) und Wohnung, welche das Gesinde in der Regel in natura im Hause des Brotherrn empfängt. Indessen dieselbe Erscheinung zeigt sich bei manchen anderen Arbeitsverhältnissen, z. B. Gesellen, ländlichen Arbeitern u. dgl. Ferner sind ja mit Wohnung und Kost die nothwendigen Lebensbedürfnisse nicht erschöpft, und der in Geld zu entrichtende Theil des Lohnes ist eben mit Rücksicht auf jene Naturalleistungen um so geringer bemessen. Immer würde das Gesetz, wenn es sich zur Aufgabe macht, derartige Abstufungen, die noch vielfach, z. B. aus manchen Arbeitsverhältnissen des Handels- und Seerechts vermehrt werden könnten, in sich aufzunehmen, in eine Casuistik gerathen, welche heutzutage mit Recht als ein Mangel in der Gesetzgebung angesehen wird. Eine gewisse Variabilität liegt ja auch in der quotenweisen Bestimmung des Abzuges. Je geringer der Lohn, desto geringer auch der Betrag des abzugsfähigen Theils. Das Princip ist also nicht so starr, als man hier und da meint, und bietet doch gerade in seiner Einfachheit und Klarheit Vortheile für Verkehr und Credit, welche nicht zu unterschätzen sind.

Diese Einfachheit würde noch gewinnen, wenn die Executionsbeschränkung objectiv auf jeden Arbeits- und Dienstlohn, gleichviel ob verdient, ob fällig oder nicht, ausgedehnt wird. Ich habe nun zuvörderst kein Bedenken, den noch nicht fälligen Lohn dem noch nicht verdienten (wie in dem neuesten Bayerischen Entw.) in der vorliegenden Beziehung gleichzustellen. Der juristische Unterschied beider ist freilich nicht zu verkennen. Bei dem bereits verdienten und nur noch nicht fälligen Lohne hätte die Controverse, ob die Beschlagnahme gegenstandslos sei, niemals entstehen können. Hier liegt ganz unzweifelhaft eine bereits erworbene und nur noch nicht zahlbare, resp. klagbare Forderung vor. Allein praktisch sind beide Kategorieen schwer zu trennen. Bei fortgesetzter Arbeit wird mit jedem Momente ein Theil des Lohnes verdient; ehe die Arrestverfügung behändigt wird, ist vielleicht der größte Theil verdient, und nur der Fälligkeitstermin steht noch einige Tage hinaus. Häufig wird auch von einem Verdienen nicht eher die Rede sein können, ehe nicht die entsprechende Arbeit ganz gethan, die Arbeitszeit voll ausgehalten und damit gleichzeitig die Fälligkeit des Lohnes eingetreten ist. Vorzeitiger Abbruch des Verhältnisses begründet meistens nur einen Entschädigungs-, keinen genau vertragsmäßig zu bestimmenden Vergütungsanspruch für die geleistete Arbeit. Soll nun hier ein Unterschied gemacht werden? Wirthschaftlich besteht derselbe nicht. Der noch nicht fällige Lohn ist in demselben Maße, als der noch nicht verdiente, zur Bestreitung der laufenden Lebensbedürfnisse des Arbeiters bestimmt. Der Arbeiter ist ja ebensowenig in der Lage, jenen in Nahrungsmittel u. s. w. umzusetzen, als diesen. Die Folgen der Entziehung würden für ihn also ganz dieselben sein. Das Gesetz würde inconsequent verfahren — ganz abgesehen von den mißlichen Untersuchungen, welche es dem Richter damit zumuthen würde — wenn es die Beschränkung der Beschlagnahme strenge nur für den noch nicht verdienten Lohn aussprechen wollte. Es ist daher jedenfalls vorzuziehen, diese letztere Kategorie ganz fallen und in dem noch nicht fälligen Lohne aufgehen zu lassen. Nicht in gleichem Grade erforderlich erscheint die Ausdehnung auf Arbeitslöhne überhaupt, einschließlich der bereits verdienten und fälligen. Daß der Reichstag seine Resolution auf „noch nicht verdienten" Lohn beschränkt hat, fällt freilich ebensowenig in's Gewicht, als daß der Juristentag nur von „künftig zu verdienenden" Löhnen redet. Dort lag gerade in jener Beschränkung eine Milderung des unbedingten Verbots. Wer den Gläubiger von dem künftigen Lohne ganz ausschließen will, wird ihm wenigstens den verdienten überlassen müssen. Für das Votum des Juristentages aber wirkte wohl die Fragestellung der ständigen Deputation mit, um die Discussion und Beschlußfassung mehr auf den künftigen Lohn zu beschränken. Vereinzelt hat indessen auch hier die (in Sondershausen, Lübeck, in dem Neide'schen, Sächsischen, Weimarisch-Schwarzburgischen, zum Theil auch — für „Bezüge aus anderen Privatdiensten" — dem neuesten Bayerischen Entwurfe angenommene) Gleichstellung des verdienten und fälligen mit dem noch unverdienten Lohne Vertretung gefunden.[87]) Abgesehen von der Zahl der Anhänger indessen halten Gründe und Gegengründe sich beinahe das Gleichgewicht. Eine wirthschaftlich verschiedene Stellung und Bedeutung des fälligen Lohnes wird sich schwer bestreiten lassen. Hier handelt es sich nicht sowohl um eine noch wachsende, der Perceptionsbefugniß jedenfalls noch entrückte Frucht der Arbeit, als um aufgesammelte Arbeitserträge, d. h. um Capital. Es ist schwer einzusehen, warum der Lohn in der Tasche des Arbeitgebers

---

[87]) Becker a. a. O. S. 89.

mehr geschützt sein soll, als in der des Arbeiters. Schwerlich aber wird man so weit gehen wollen, auch den percipirten, noch baar beim Exequenden vorhandenen Lohn dem Gläubiger zu entziehen, selbst wenn er abgesondert und individuell erkennbar erhalten wäre.[88]) Von Lohn kann nur so lange die Rede sein, als er noch zu fordern ist. Ist er gezahlt, so wird er zu baarem Gelde, dem ersten und vorzüglichsten Executionsgegenstande (Pr. A. G.-O. I, 24. §. 70). Eine Bestimmung zur Bestreitung des Lebensunterhalts läßt sich ihm dann nicht mehr ansehen. Wie lange sollte auch diese Eigenschaft fortdauern? Aber schon dann, wenn es sich noch um einen Rückstand handelt, ist dieselbe nicht mehr erkennbar. Im Gegentheil: hat der Arbeiter den fälligen Lohn stehen lassen, so spricht eine Vermuthung dafür, daß er desselben nicht unumgänglich zu seinem Lebensunterhalte bedarf. Auf der andern Seite läßt sich sagen, daß der Rückstand auch in einem Zahlungsverzuge des Arbeitgebers seinen Grund haben und der Arbeiter inzwischen in Erwartung der Zahlung von Credit gelebt haben kann. Ueberhaupt erscheint der Unterschied mehr als ein theoretischer. Lohnrückstände sind bei Arbeitern, zumal solchen, welche es zur Execution in den Lohn kommen lassen, nicht gerade häufig und meistens nur sehr geringfügig; soweit sie aber vorkommen, hat die Gesetzgebung mehr Veranlassung, sie zu begünstigen, als zu erschweren. Weniger in Betracht kommt der gesteigerte Anreiz zur Vorausbezahlung[89]) (d. h. vor eingetretener Verfallzeit). Die Arbeitgeber geben nicht bereitwillig auf längere Zeit Vorschüsse, wenn der Arbeiter nicht etwa Material aus eigenen Mitteln herzugeben hat. Die Vorausbezahlung, wenn sie zu erreichen ist, bleibt immer im Interesse des Arbeiters, auch wenn die Execution in den Rückstand beschränkt wird. Alles in Allem genommen, erscheint aber aus den bereits berührten praktischen Rücksichten die Ausdehnung auf fälligen (also bereits verdienten), aber noch rückständigen Lohn empfehlenswerth. Die Beschränkung der Arrestanlage trifft alsdann Alles, was der Arbeiter aus dem zur Zeit der letzteren bestehenden Verhältnisse vom Arbeitgeber jetzt und künftig zu fordern hat. Das Verhältniß aller Theile wird damit durchsichtig und abgerundet. Alle Zweifel darüber, was fällig, was verdient, und was nicht — Zweifel, welche beim Dazwischentreten eines Dritten an Bedeutung gewinnen — fallen weg. Ein einfaches, deutliches Princip beherrscht

[88]) Auch diese Consequenz scheut Becker nicht. Für Beamte existirt freilich in Preußen eine ähnliche Vorschrift (All. Kab.-Ordre v. 11. December 1831 — Ges.-S. 1832 S. 2 —).

[89]) Vergl. Hopf in seiner Schrift S. 27 ff.

alsdann die Beschlagnahme der Arbeitslöhne im Wege der Execution oder des Sicherungs-Arrestes.

Eine solche Regelung der Sache würde sicherlich, wenn nicht Alle, doch die Meisten befriedigen und die bisherigen begründeten Klagen verstummen lassen. Wie aber auch die Entscheidung der Legislatur des Norddeutschen Bundes ausfallen möge, die Zeit der Rechtsunsicherheit ist für die Lohnarrestfrage eben so gewiß ihrem Ende nahe, als die eines ius strictum, welches sich von dem menschlichen und sittlichen Grunde alles Rechts entfernt hat.

Verlag von J. Guttentag in Berlin.
Guttentag & Bahlen.

Druck der Berliner Associations-Buchdruckerei (Urbat u. Genossen).

Kolibri 360 GmbH
Ferdinand-Jühlke-Straße 7
99095 Erfurt, Deutschland
produktsicherheit@kolibri360.de